Brillante Massaro

# Emozioni in gioco



IL MULINO A VENTO

GRUPPO EDITORIALE RAFFAELLO

Editor: *Paola Valente*
Coordinamento redazionale: *Emanuele Ramini*
Progetto grafico e impaginazione: *AtosCrea*
Copertina: *Mauro Aquilanti*
Referenze fotografiche: *Thinkstock*
Ufficio stampa: *Salvatore Passaretta*

Blog dell'autrice: *brillantemassaro.altervista.org*

I^a Edizione 2015

Ristampa
7 6 5 4 3 2 1 2022 2021 2020 2019 2018 2017 2016







**Raffaello Libri S.p.A.**
Via dell'Industria, 21
60037 - Monte San Vito (AN)
www.ilmulinoavento.it
www.grupporaffaello.it
*e-mail*: info@ilmulinoavento.it

Printed in Italy

# PRESENTAZIONE

La complessa società moderna ci pone una serie di sfide che si intrecciano le une alle altre e diventano interdipendenti: capacità di stare bene con se stessi e con gli altri, solidarietà, multiculturalità, pacifica convivenza; temi che ricorrono nei convegni, nelle agende delle ONG, così come nei programmi scolastici. Il mondo fuori di noi ha risonanza emotiva dentro di noi e le emozioni che proviamo condizionano il nostro modo di vederlo.

Parlare di emozioni non è mai semplice, sembra di fare irruzione, senza bussare, nella *sfera del privato*. Siamo portati a minimizzare le nostre emozioni oppure a esagerarle, a soffocarle, a nasconderle, a mistificarle ma difficilmente siamo disposti a riconoscerle così come sono. Parlarne è difficile, ci sentiamo messi a nudo, allo scoperto. Eppure le emozioni, consapevolmente o inconsapevolmente, guidano la nostra vita e la consapevolezza emotiva può darci quella marcia in più per stare meglio con noi stessi e con gli altri, per avere successo nella vita sociale oggi e lavorativa domani.

*Favorire la consapevolezza emozionale e sviluppare quelle competenze interpersonali, interculturali, sociali e di cittadinanza*: è questa la Raccomandazione del Consiglio europeo del 2006. Si tratta di competenze complesse perché lo sviluppo di un'intelligenza interpersonale passa necessariamente attraverso lo sviluppo di un'intelligenza emotiva. Conoscere meglio le proprie emozioni, comprendere i meccanismi per imparare a gestire la rabbia, migliorare la propria capacità di tollerare gli insuccessi e le frustrazioni, imparare a gestire meglio le relazioni, avere una visione critica di quello che ci circonda, sono strumenti essenziali nella propria "cassetta degli attrezzi", ci aiutano a vivere meglio in questo mondo difficile e ci rendono dei "viaggiatori consapevoli" e non dei turisti per caso.

Ma come fare? Si può utilizzare la strategia della *peer education*: testi scritti dai ragazzi e destinati ai loro coetanei.

I *pari* costituiscono per i ragazzi una fonte di *informazione credibile* e soprattutto *efficace*: è più facile mettersi nei panni dell'altro, capire un suo problema, cosa prova, quando *l'altro* è un coetaneo.

Vari i temi affrontati: la fatica di crescere, il rapporto con gli adulti, le gelosie, le insicurezze per il futuro, l'amicizia, la problematicità delle relazioni affettive, l'esperienza del dolore, la perdita di un affetto, la legge del branco e la trappola del bullismo. Il testo affronta questi temi in modo non accademico, **dando la parola agli stessi studenti** che si raccontano nei loro diari, nelle mail, nelle lettere aperte agli esperti, comunicando la loro esperienza e le loro emozioni.

La varietà di testi e delle situazioni comunicative, sempre contestualizzate, danno allo studente l'opportunità di sperimentare, nello *spazio protetto della simulazione*, anche i propri vissuti problematici o conflittuali. Lo spazio della simulazione diventa allora uno spazio nel quale imparare anche a guardarsi dentro e a riconoscere le proprie paure e incertezze.

Il testo vuole perseguire i seguenti obiettivi:

1. dare la parola ai ragazzi, ai loro diari e alle loro lettere, per capire come "leggono" il mondo che li circonda;
2. arricchire gli argomenti trattati con il parere di esperti;
3. dare la parola agli scrittori famosi che hanno trattato quegli stessi argomenti.

I testi scritti dai ragazzi sono stati raccolti nel corso degli anni e le schede operative proposte sono state testate nel contesto d'aula scolastica per verificarne l'efficacia.

Ogni tema trattato è corredato da:

SCHEDA di APPROFONDIMENTO

DISCUTINE CON L'INSEGNANTE

SCHEDA OPERATIVA

LA PAROLA A CHI SCRIVE PER MESTIERE

Inoltre, la rubrica "**Per saperne di più**" segnala i link utili per un ulteriore approfondimento in rete: video, interviste ecc.

You Tube PER SAPERNE DI PIÙ

Una **filmografia** tematica completa le varie sezioni.

CRESCERE CHE FATICA FILMOGRAFIA

# INDICE

## SECONDA SEZIONE
## La parola a chi scrive per mestiere

### CRESCERE, CHE FATICA



### LE RELAZIONI



### BULLISMO E LEGGE DEL BRANCO

## PRIMA SEZIONE - La parola ai ragazzi

# CRESCERE, CHE FATICA

# Non mi piaccio!!

Caro diario,

oggi mi sono guardato attentamente allo specchio. Ma com'è possibile? Improvvisamente, da un giorno all'altro, sono spuntati come funghi difetti che prima non c'erano. Forse ci sono sempre stati e io mi sono rifiutato di vederli?

E allora perché li vedo proprio ora e per aggiunta tutti insieme? È un mese che non mangio pasta e che vado in palestra, ma mi sembra di non essere dimagrito di un solo grammo! La mia faccia da paffutello mi dà sempre quell'aria da bamboccio che odio, ora ci si mettono anche i brufoli, o meglio i crateri perché i miei sono veri e propri crateri pronti a eruttare da un momento all'altro! Perché arriva sempre un momento nella vita in cui guardarsi allo specchio diventa un terribile "incontro ravvicinato del terzo tipo"?

Forse dovrei solo cambiare compagno di banco per evitare di vedere costantemente lì davanti ai miei occhi il prototipo della bellezza maschile: Marco. È alto e asciutto, ha un sorriso accattivante e un codazzo di ragazze che gli girano intorno! Durante la ricreazione mangia a velocità incredibile due panini, sempre gli stessi: uno al salame e uno alla mortadella! Fa palestra e ci tiene a sottolineare le curve dei suoi bicipiti con magliette attillate. Insomma è il bello della classe!

Avere lui a pochi centimetri da me mi fa sentire, nonostante la mia mole, incredibilmente piccolo. Proprio oggi in classe abbiamo parlato del rapporto con il proprio corpo, della necessità di accettarsi come si è, perché è importante per l'autostima, così ci ha detto la prof di lettere. Questo lo capisco e lo condivido anche, nessuno è perfetto e forse va bene così, ma tra il dire e il fare c'è di mezzo il mare! Intanto non so, forse perché sto crescendo, forse perché ora ci tengo di più al mio corpo, fatto sta che: proprio non mi piaccio!

E per finire sono anche timido! O forse sono timido perché non mi piaccio e ho paura di non piacere? Non lo so! Con le ragazze poi sono proprio una frana! Più mi piacciono e più sono una frana!

Con Marina, la mia compagna di classe che è seduta proprio dietro di me, non riesco a scambiare neanche una parola. Quando per qualche motivo lei si rivolge a me, mi si affollano nella testa mille pensieri, mi chiedo com'è meglio rispondere per far colpo su di lei! Poi finisco per dire la prima banalità che mi viene in mente e mi morderei la lingua!

A casa, da solo ripenso a tutto quello che avrei potuto dirle e che non le ho detto, alle occasioni perse.

Oggi, quando mi ha chiesto: "Tu non ci vai mai al campetto? Non ti ho mai visto!", sai cosa le ho risposto? "No, non ci vado mai!". STOP! Fine della trasmissione! Poteva essere un'occasione per parlare un po' e forse anche per strapparle un appuntamento al campetto. Mi sono impappinato, ho sempre paura di non trovare qualcosa di sufficientemente intelligente da dire.

Ho sempre paura di sembrare ridicolo e, morale della favola, finisco sempre per fare la figura del pesce lesso!

GIULIO

SCHEDA di APPROFONDIMENTO

## ALICE NEL PAESE DELLE MERAVIGLIE

*Nel V capitolo di* Alice nel Paese delle Meraviglie*, Lewis Carroll racconta le disavventure di Alice, la sua confusione e il disorientamento per i continui cambiamenti del suo corpo. Leggi.*

Il Bruco e Alice si guardarono negli occhi per un po', in silenzio: infine il Bruco si tolse di bocca il narghilè e le rivolse la parola con voce languida e sonnolenta.

– E tu chi sei? – domandò.

Non era promettente come apertura di dialogo. Intimidita, Alice rispose:

– Io a questo punto quasi non lo so più, signore, o meglio, so chi ero stamattina quando mi sono alzata, ma da allora credo di essere stata cambiata più di una volta.

– Che vuoi dire con questo? – domandò il Bruco, severamente. – Spiegati!

– Vede, signore, non si può spiegare ciò che non si conosce – rispose Alice, – e io non mi conosco più, capisce?

– Non capisco – replicò il Bruco.

– Mi dispiace, non glielo so dire meglio di così perché nemmeno io ci capisco niente. A cambiare aspetto tante volte in un giorno, si finisce per avere una gran confusione in testa!

– Nessuna confusione – obiettò il Bruco.

– Be', forse lei non ha ancora provato – disse Alice, – ma quando dovrà trasformarsi in crisalide, lo sa che le succederà un giorno o l'altro, e poi in una farfalla, allora vedrà che anche lei si sentirà un po' stranito.

– Neanche per idea – rispose il Bruco.

– Be', forse lei avrà delle sensazioni diverse – disse Alice, – tutto quello che so, è che io mi sentirei stranita.[...]

– Allora, tu ritieni di essere cambiata, eh?

– Temo di sì, signore – rispose Alice. – Non ricordo più le cose che sapevo e non riesco a mantenere la stessa statura per più di dieci minuti! [...]

– Di che statura vorresti essere? – le domandò.

– Oh, non ci tengo molto alla statura – rispose prontamente Alice. – È solo che non fa piacere continuare a cambiare così spesso, capisce?

– Io non capisco proprio – replicò il Bruco.

Alice tacque: mai era stata tanto contraddetta in vita sua, e sentiva che le stavano per saltare i nervi.

– Ti va bene come sei adesso? – chiese il Bruco.

– Be', preferirei essere un pochino più grande, signore, se non le spiace – rispose Alice. – Sette centimetri è davvero una miseria, come statura.

– È una statura bellissima! – replicò il Bruco, stizzito, ergendosi dritto in tutta la sua lunghezza mentre parlava (era alto esattamente sette centimetri).

– Ma io non ci sono abituata! – si lamentò la povera Alice con tono piagnucoloso. Intanto, pensava fra sé: – Ma come sono suscettibili, queste creature!

– Ti ci abituerai col tempo – disse il Bruco, e, portatosi il narghilè alla bocca, riprese a fumare.

Questa volta Alice aspettò pazientemente che l'altro decidesse di rimettersi a parlare. Nel giro di un paio di minuti, il Bruco si tolse di bocca il narghilè, tirò qualche sbadiglio e si dette una scrollatina. Poi scivolò giù dal fungo e si allontanò strisciando in mezzo all'erba, dicendo solo:

– Un lato ti farà diventare più grande, l'altro più piccola.

"Un lato di che cosa? L'altro lato di che cosa?" pensò Alice fra sé e sé.

– Del fungo – rispose il Bruco, proprio come se lei avesse fatto la domanda a voce alta, e in un attimo scomparve alla vista.

Alice contemplò il fungo pensosamente per un minuto, cercando di indovinare quali fossero i due lati del fungo, e, siccome era perfettamente rotondo, il problema non era di facile soluzione. Comunque, alla fine allargò le braccia e tendendole il più possibile, abbracciò il fungo e ne staccò dal bordo un pezzettino per parte con ciascuna mano.

"E adesso, quale pezzetto per quale direzione?" si chiese. Rosicchiò un angolino del pezzetto che teneva nella destra per provarne l'effetto. Fu questione di un attimo, e sentì un colpo violento sotto il mento: era andata a sbattere contro il proprio piede!

Quel cambiamento improvviso la spaventò moltissimo ma si rese conto che non c'era tempo da perdere, perché si andava accorciando sempre più in fretta: si diede subito da fare per mangiare un po' dell'altro pezzetto. Il mento era pressato con tanta forza contro il piede che quasi non c'era spazio per aprire la bocca; ma alla fine ci riuscì e ingoiò un morso dal pezzetto che teneva nella sinistra.

– Ah, la testa libera, finalmente! – esclamò Alice con un sospiro di sollievo, che si trasformò in allarme un istante dopo, appena si accorse che non riusciva più a capire dove avesse lasciato le spalle: guardando sotto di sé, vedeva solo il lungo, incommensurabile protendersi del collo che si ergeva come uno stelo dal mare di foglie verdi che giaceva giù in basso sotto di lei.

– Cosa sarà tutto quel verde? – si domandava Alice. – E dove saranno finite le mie spalle? E le mie mani? Manine mie, perché mai non riesco a vedervi?

Mentre così parlava, cercava di muoverle, ma non ottenne altro risultato che un lieve tremolare del verde giù in basso.

Poiché era chiaro che non c'era modo di portare le mani alla testa, cercò allora di portare la testa giù in basso fino alle mani, e con sua grande gioia scoprì che il collo si piegava docilmente in qualsiasi direzione, come un serpente. Era appena riuscita a chinarlo verso il basso, descrivendo un graziosissimo zig zag, e stava quasi per tuffarsi in mezzo al verde, che, scoprì, non era altro che la cima di quegli stessi alberi in mezzo ai quali si trovava poco prima, quando un sibilo acuto la costrinse a ritrarsi di scatto: un enorme piccione si era scagliato contro il suo viso e la percuoteva violentemente con le ali. [...]

Alice cercò di calare giù tra gli alberi alla meglio, perché il collo continuava a impigliarsi tra i rami e di tanto in tanto doveva fermarsi per districarlo. Poco dopo si ricordò dei pezzettini di fungo che teneva in mano e si mise al lavoro con grande attenzione, smozzicando prima un pezzetto dell'uno e poi un pezzetto dell'altro, e diventando di volta in volta un poco più alta o un poco più bassa, fino a che non le riuscì di recuperare la sua altezza normale. [...]

"Come sono sconcertanti tutti questi cambiamenti! Non sono mai sicura di cosa sto per diventare di minuto in minuto" pensò Alice.

Adattamento da *Alice nel Paese delle Meraviglie* di Lewis Carroll

SCHEDA OPERATIVA

## IO COME ALICE

*Il viaggio di Alice è un viaggio di crescita e di ricerca della propria identità.*
*La pubertà è una fase di transizione, l'identità corporea infantile è definitivamente persa e la nuova identità corporea non è ancora definita.*
*Da qui ha origine il disorientamento preadolescenziale: non si è più quelli di prima e non si sa ancora come diventeremo.*
*Analizziamo tutti gli spunti di riflessione che il testo di Carroll offre.*

## LA PERCEZIONE DELLA PROPRIA IDENTITÀ

1. Alice perde la propria **identità**: non sa più chi è, né riesce a spiegarlo "perché non si può spiegare ciò che non si conosce" e lei "non si conosce più". A te è mai capitato di chiederti "chi sono" di fronte al cambiamento del tuo corpo?

..........................................................................................

..........................................................................................

..........................................................................................

2. La **perdita delle certezze** ("non ricordo più le cose che sapevo") e il **cambiamento del corpo** generano in Alice timore e ansia. Tu hai mai provato la sensazione di perdere le tue certezze? Quali sono quelle che più hai paura di perdere?

..........................................................................................

..........................................................................................

..........................................................................................

3. **Le aspettative nei confronti del corpo che cambia.** Alice dice: "Be', preferirei essere un pochino più grande, signore, se non le spiace". Tu come vorresti essere fisicamente?

..........................................................................................

..........................................................................................

..........................................................................................

4 La **difficoltà di adattarsi al proprio corpo che cambia**. Il rimpicciolirsi e il dilatarsi di Alice indipendentemente dalla sua volontà rappresentano una sfida. Il cambiamento non è mai indolore e richiede una buona capacità di adattamento per accettare l'idea del cambiamento stesso. "Ma io non ci sono abituata" dice Alice riferendosi alla sua statura. Il bruco la rassicura: "Ti ci abituerai" le dice. Pensi sia importante essere rassicurati quando si è spaventati per il cambiamento in atto? Chi è il tuo bruco?

..............................................................................................................

..............................................................................................................

..............................................................................................................

5 Il cambiamento, qualsiasi cambiamento, anche quello che ci trasforma da bruco in una bellissima farfalla, comporta un senso di **smarrimento**. Dice Alice al Bruco: "Quando dovrà trasformarsi in crisalide, lo sa che le succederà un giorno o l'altro, e poi in una farfalla, allora vedrà che anche lei si sentirà un po' stranito". Il temine "stranito" racchiude in sé lo smarrimento e l'inquietudine che si prova quando si è estranei in casa propria, in questo caso, nel proprio corpo. Ti sei mai sentito "stranito" nel senso sopra descritto? Sì No

## LA PERCEZIONE DELLO SPAZIO

C'è un altro aspetto interessante sul quale Carroll ci invita a riflettere: il cambiamento del corpo comporta anche un **cambiamento della percezione dello spazio**. Muoversi da un'altezza di otto centimetri, non è, per Alice, come muoversi da un'altezza di otto metri. Allo stesso modo i cambiamenti corporei dell'adolescente, richiedono una diversa organizzazione del corpo nello spazio. Fino agli undici anni circa lo schema motorio del bambino è consolidato, perciò egli si muove con sicurezza nello spazio. Dagli 11 ai 14 circa, il controllo motorio diminuisce perché il cambiamento dello schema corporeo comporta un cambiamento nello schema motorio. Se cambia il corpo, cambia anche il modo in cui il corpo si muove nello spazio. La goffaggine nei movimenti può generare anche piccole discussioni in famiglia: gli adolescenti possono essere accusati di essere maldestri e questo li fa sentire inadeguati.

Ti è mai capitato di essere accusato di mal destrezza dai tuoi per aver fatto cadere qualcosa? Se è accaduto, come ti sei sentito?

.....................................................................................................................................

.....................................................................................................................................

.....................................................................................................................................

## DISARMONIE E INCERTEZZE

Nella preadolescenza, inoltre, il **corpo non cresce in modo omogeneo**: può capitare che alcune parti crescano più velocemente di altre e questo può generare paure e incertezze. Riuscire a capire che queste disarmonie sono temporanee perché il processo evolutivo non si è ancora completato, è difficile, ma una buona dose di fiducia in se stessi può aiutare.

Capita anche a te di osservare delle disarmonie nel tuo corpo? Riesci a razionalizzare, a pensare che sono momentanee?

.....................................................................................................................................

.....................................................................................................................................

.....................................................................................................................................

Tutto questo genera un **senso di incertezza**. "Come sono sconcertanti tutti questi cambiamenti! Non sono mai sicura di cosa sto per diventare di minuto in minuto", dice Alice.

Sei mai stato incerto circa il tuo aspetto futuro? Pensi si possa vivere un rapporto più sereno con il proprio corpo in veloce trasformazione? Come?

.....................................................................................................................................

.....................................................................................................................................

.....................................................................................................................................

.....................................................................................................................................

.....................................................................................................................................

.....................................................................................................................................

.....................................................................................................................................

.....................................................................................................................................

## DISCUTINE CON L'INSEGNANTE

*Gli irraggiungibili standard estetici suggeriti dalla moda, i modelli di bellezza che i mass media propongono, certo non aiutano gli adolescenti che già devono affrontare il difficile rapporto con il proprio corpo. Ciò può generare frustrazione e ansia. Come difendersi da una società che impone il modello estetico della perfezione a tutti i costi? Discutine con l'insegnante e con i compagni.*

## LA PAROLA A CHI SCRIVE PER MESTIERE

*Giulio ha dichiarato nel suo diario di avere un rapporto conflittuale con il proprio corpo che cambia, è inoltre molto timido e questo lo limita molto nelle relazioni con gli altri. La timidezza, nell'era della sfrontatezza, della necessità di apparire, fa sentire impacciati e inadeguati. Cosa pensano a proposito gli scrittori D.O.C.?*
*Massimo Gramellini ha raccolto negli anni molte testimonianze di lettori che gli hanno chiesto consigli e suggerimenti. Leggi cosa gli scrive Maciste, un ragazzo molto timido che chiede aiuto proprio per risolvere il suo problema: la timidezza.*
***Il timidone** da "Cuori allo specchio" di Massimo Gramellini, pag. 122.*

*Il protagonista del racconto di Silvana Gandolfi, invece, è un tredicenne timido ma dotato di molta autoironia, uno che sdrammatizza e che sulla propria timidezza ci ride su. Ed è proprio questo suo atteggiamento che si rivelerà vincente.*
***Timidezza** di Silvana Gandolfi, pag. 125.*

## PER SAPERNE DI PIÙ

*Guarda su YouTube gli appunti video "Adolescenza" di Studenti.it; li troverai al seguente indirizzo https://www.youtube.com/watch?v=OHs_E2cqOUg. In modo chiaro e semplice, in meno di cinque minuti, il video chiarisce le varie fasi dell'adolescenza anche facendo riferimento al noto pedagogista Piaget. Cambiamenti corporei, crisi di accrescimento, crisi affettiva, ricerca di modelli di riferimento, interesse per i pari e differenziazione dai genitori. Questi alcuni tra i temi trattati.*

# Chi sono io???

Spettabile redazione,

sono Carla e frequento la seconda media. Ho riflettuto a lungo se scrivervi o meno, un po' ne avevo vergogna, ma mi sento molto confusa e ho proprio bisogno di parlare con qualcuno che non siano i miei genitori. Vado subito al sodo così mi levo il pensiero: ho paura, paura di crescere!

Da bambina non vedevo l'ora di crescere, passavo ore a immaginare come sarei potuta essere. Mi sembrava che il tempo non passasse mai, anzi che lo facesse apposta a rallentare per farmi dispetto perché ero troppo impaziente! Ricordo che in terza elementare facevo un sogno ricorrente: ero alle medie e uscivo da sola con le mie amiche a passeggio per la città. Un sogno banale ma che forse nascondeva il mio bisogno di crescere, il mio bisogno di autonomia. Ora che sono alle medie e che il sabato esco tranquillamente con le mie amiche, rimpiango tutte le bellissime esperienze vissute da piccola.

Ho paura di cambiare aspetto perché non so come sarò in futuro. Sarò bella o brutta, alta o bassa, grassa o magra? Il fatto di non sapere come diventerò, quale aspetto avrò, mi preoccupa molto, è come se fosse un mio diritto sapere come sarò.

Chissà cosa mi passerà per la testa quando sarò più grande, non voglio che tutte le mie idee, i miei sogni e le cose che più mi piacciono svaniscano per dar spazio ad altre cose.

Spero proprio di non cambiare poi così tanto, non voglio perdere pezzi di me. Si cresce e poi sembra che il passato quasi non ci appartenga più e anche quello che eravamo, quello che pensavamo e speravamo, svanisce. Ma la vita è proprio così triste? Non si può proprio essere felici?

Della mia paura non parlo con nessuno, neanche con le amiche, non so bene il perché. O forse sì. Mi sento diversa da loro, non mi piace mettermi in mostra, non sto ore e ore davanti allo specchio, non mi trucco, amo la lettura e le passeggiate nella natura. Diversa perché non riesco a fare comunella con le mie compagne a parlar male di questo o di quello per riderci su. Diversa perché dico apertamente quello che penso e non parlo alle spalle di nessuno, neanche se mi è antipatico. Forse sono io che sbaglio, sono confusa!!!

Rispondetemi presto! Grazie.

Carla

SCHEDA di APPROFONDIMENTO

## IO E IL MIO CORPO

*Il rapporto con il proprio corpo è la principale preoccupazione dei preadolescenti. La scheda ti propone due contributi. Il primo è di un esperto, lo psicologo Paolo Gambini, che ci spiega cosa accade tecnicamente quando si perde la propria identità corporea. Il secondo di una tua coetanea, Michela Ortu, che ci racconta il suo sentirsi sempre imperfetta.*

## LA SFIDA EDUCATIVA DEGLI ADOLESCENTI

Tra i diversi cambiamenti della preadolescenza, quello fisico assume un ruolo di primaria importanza, sia perché è in genere il primo ad apparire, sia per la sua rapidità e molteplicità, ma soprattutto per la profonda risonanza che ha a livello psicologico.[...]

Spinto da un bisogno di auto rassicurazione, il preadolescente è portato a confrontarsi quasi ossessivamente con i propri coetanei per valutare quanto il proprio sviluppo corrisponda a quello degli altri. Le temporanee disarmonie morfologiche sono dovute al fatto che certe parti del corpo arrivano alla loro dimensione definitiva prima di altre. Per esempio nella crescita dell'altezza le gambe si allungano prima che si sviluppi il tronco. La paura principale che preoccupa i ragazzi e le ragazze in questo senso è che questi cambiamenti sentiti come sgradevoli restino stabili.

È facile comprendere come tutto ciò abbia delle conseguenze psicologiche non indifferenti. I mutamenti del corpo, che stanno alla base dell'identità personale, possono significare per il preadolescente la perdita di quel senso di sicurezza e di autostima che aveva costruito durante l'età infantile. Tutti questi elementi, comportano per i ragazzi e le ragazze il superamento di un compito di sviluppo ben preciso, quello di ristrutturare la propria identità corporea, di «appropriarsi» profondamente dei propri cambiamenti somatici per ricostruire una nuova immagine del proprio corpo. Chiaramente l'accettazione dei mutamenti del proprio aspetto fisico può essere favorita da un atteggiamento rassicurante e valorizzante da parte degli adulti i quali devono mostrarsi attenti e delicati verso questa forma di disagio visto che "troppo spesso hanno dimenticato le ansie, le incertezze e le inquietudini nel tempo in cui il loro corpo cambiava e diventava adulto".

*La sfida educativa degli adolescenti* di Paolo Gambini, in Pedagogia e Vita, marzo-aprile 2007, n. 2 (http://www.fidae.it/AreaLibera/AreeTematiche/Condizione%20Giovanile/Gambini_sfida.pdf)

Leggi ora le riflessioni di una tua coetanea, vincitrice del campionato di Repubblica @scuola 2011/12. Ti aiuterà a capire come sia possibile cercare di 'abitare al meglio' il proprio corpo in trasformazione.

## CONFESSIONI DI UNA RAGAZZA PERFETTAMENTE IMPERFETTA

di *Michela Ortu*

Io non sono perfetta. Non sono mai stata così sicura di una cosa. Molto spesso mi ritrovo circondata da persone che sembrano perfette. A volte nella mia classe mi sento "la pecora nera". Come se fossi la cosa peggiore che potesse capitare ai miei compagni, una nota stonata.

Nell'intervallo sto in piedi vicino alla finestra, a guardare fuori con così tanto interesse da pensare di riuscire a penetrare attraverso la finestra e uscire finalmente fuori.

Mi sento il contrario della perfezione.

Non sono brava a scuola, non sono brava nello sport, né nelle relazioni sociali. Sbaglio sempre tutto. Ci sono dei momenti in cui mi sento un disastro e dei momenti in cui sono sicura di me. Ad esempio, adesso, mi sento fiera per aver avuto il coraggio di scrivere queste cose. Oppure, a volte ammiro la mia determinazione, o la mia testardaggine, la mia pazzia, la mia volontà di andare in fondo anziché limitarmi alla superficie. E, all'improvviso, mi sento perfetta.

Ma, nella maggior parte dei casi, mi sento UN MADORNALE ERRORE DELLA NATURA. Vedo le mie compagne, e le vedo PERFETTE. Brave negli sport, nella scuola, nei rapporti sociali e anche carine. Poi, mi guardo allo specchio e mi vedo brutta, con i brufoli della pubertà e i capelli spettinati. Credo che i miei capelli mi rispecchino: sono sempre in disordine e vanno per i fatti loro, come me.

Però, mi chiedo: le mie compagne, ci mettono la passione in quello che fanno? Io sì. Quando faccio una cosa ci metto anima e corpo.

Quindi sono in lite con me stessa. Sono perfetta o no? Certo, il concetto di perfezione varia. Come si può essere perfetti? Spesso la persona perfetta è quella che sa fare le cose in modo impeccabile, senza errori.

Ma, se andiamo al di là di questo, una persona impeccabile che non sbaglia mai, è perfetta anche se non è felice? Cos'è, la perfezione? Non si sa. Bisogna vedere cosa si intende dire. Magari per uno la perfezione vuol dire essere bravo nel calcio, e per un altro vuol dire saper cantare. Detto questo, posso affermare che la perfezione non esiste.

Diciamo che... Siamo perfettamente imperfetti.

(http://www.repubblica.it/scuola/2012/05/01/news/vincitori_8_tappa_medie-34267610/)

SCHEDA OPERATIVA

## SEI L'ESPERTO, RISPONDI!

*Fai parte della redazione di una rivista giovanile e devi dare a Carla una breve risposta che sarà pubblicata sul prossimo numero della rivista.*

Procedi in questo modo:

a) Affronta il problema in maniera tecnica, così come farebbe un addetto ai lavori, e dai a Carla suggerimenti che l'aiutino a vivere con minore ansietà questa fase di cambiamento.

b) Prendi spunto anche dalla Scheda di Approfondimento *Io e il mio corpo* che affronta il problema dell'incertezza del cambiamento.

c) Dai a Carla una serie di spunti di riflessione. Ad esempio:

- Lei pensa di essere la sola ad avere paura. Cosa potresti dirle per farle capire che questo è un problema comune a molti preadolescenti che oscillano tra opposti sentimenti: la voglia e la paura di crescere, il desiderio di autonomia e il timore di "uscire dal guscio"?
- Parlarne fa bene, aiuta a ridimensionare il problema. Con chi le suggeriresti di parlarne? Con i compagni, genitori, insegnanti, amici?
- Cosa potresti dirle per aiutarla ad affrontare la paura e l'incertezza per il futuro? Cosa per incoraggiarla, così come diceva il poeta romano Orazio, a cogliere l'attimo (carpe diem) vivendo al meglio il presente, con i momenti belli e quelli brutti? Cosa le consiglieresti di fare per controllare meglio la paura per il futuro ed evitare che essa avveleni anche i momenti belli del suo presente?

Cara Carla ...................................................................................... (*continua sul quaderno*).

**d** Trasforma ora la lettera di Carla in una pagina di diario.

## DISCUTINE CON L'INSEGNANTE

*Carla desidera il cambiamento ma nello stesso tempo lo teme perché ha paura di perdere la propria identità. Capita anche a te? Discutine con i compagni e con l'insegnante.*

## LA PAROLA A CHI SCRIVE PER MESTIERE

*Carla ha paura di crescere perché teme di perdere pezzi di sé e non riconoscersi più, e si interroga sulla sofferenza che la crescita comporta. Leggi a riguardo cosa ne pensa la cantante Arisa, che nel suo primo libro parla di come è riuscita a conciliare L'Arisa pubblica, che ha successo, con l'altra parte di sé, quella troppo critica e negativa.*

***Il paradiso non è un granché** di Arisa, pag. 129.*

*Nella sua lettera Carla parla anche del suo disagio nel sentirsi diversa dalle sue compagne; leggi cosa scrive lo scrittore Massimo Gramellini a proposito di questa "diversità" che rivela invece tanti aspetti positivi.*

***La piccola donna** da "Cuori allo specchio" di Massimo Gramellini, pag. 131.*

# L'amica del cuore

Cara Marta,

ho deciso di scriverti una mail perché chattare non mi soddisfa più. Questo modo telegrafico di comunicare va bene per messaggi veloci, ma io ho bisogno di parlarti di me, di sfogarmi, di dirti come mi sento in questo momento, e non mi basta più la faccina di una emoticon, ho bisogno di parole per buttare giù nero su bianco i miei pensieri.

Da quando sei andata via, forse è la prima volta che te lo dico, mi manchi tanto, né con Giusy né con Paola sono riuscita ad avere il rapporto che avevo con te. Bastava guardarsi negli occhi per capirsi! Come potrei dimenticarlo? Sei insostituibile! Un pezzo di me è lì a Genova con te.

Sto male! Più l'esame si avvicina, più l'ansia cresce, ho una paura tremenda, se tu fossi qui mi diresti di stare tranquilla, che sono brava. Ma il problema è proprio questo: il fatto di essere sempre andata bene a scuola non frena la mia paura, anzi l'aumenta! Chissà che cosa si aspettano i prof da me! Per non parlare poi dei miei genitori! E se all'esame mi capita qualche domanda difficile a cui non so rispondere? Che faccio? Sprofondo? I miei si aspettano molto da me e io ho paura di deluderli prendendo un voto basso. Ogni volta che parliamo dell'esame mi ricordano sempre che Gina ha preso il massimo dei voti. Che ci posso fare? Io non sono mia sorella!!! Non riesco più a parlare con i miei, mi innervosiscono! Come posso sperare di essere capita se continuano a paragonarmi a mia sorella? Anche i prof si aspettano molto da me, ieri ho concordato con la prof di Italiano il percorso pluridisciplinare per il colloquio orale. Sai ho scelto gli "anni sessanta" poi con il suo aiuto mi sono agganciata a tutte le discipline, è stato bello farlo e penso che preparò un powerpoint che sintetizzi tutto il lavoro. Ecco, mentre ti scrivo del mio lavoro penso che ce la posso fare e la mia ansia cala. Poi però penso che non sarò all'altezza, che il peso delle aspettative di genitori e prof è troppo forte e ho paura di mollare! Mi manchiiiiiiiiiiiiiiii!

Mi sa che non mi capiterà mai più nella vita una AMICA VERA COME TE! Un'amica per la pelle non ti abbandona mai, è una persona sulla quale puoi contare, SEMPRE! So che adesso ti metterai a ridere per quello che sto per dirti, già vedo le fossette sulle tue guance, e immagino che penserai che sono la solita romanticona, ma per me sei il raggio di sole che illumina le mie giornate nere! Ecco te l'ho detto!

Se tu fossi qui io mi sentirei più sicura! Ma quando lo inventano il teletrasporto? Mi lancerei a tuffo nella tua stanza! Rispondimi presto, mi manchi, mi manchi, mi manchi!

Barbara

SCHEDA di APPROFONDIMENTO

## LA TERRA DI MEZZO

*Barbara è ansiosa per l'esame: pur essendo brava a scuola, è insicura, teme di non riuscire, ha bisogno di essere rassicurata e chiede aiuto alla sua migliore amica.*
*L'insicurezza è un tema abbastanza ricorrente nella preadolescenza. L'amico diventa un fondamentale punto di riferimento per alleviare la tensione per un esame o per una interrogazione, per essere rassicurati circa il proprio aspetto fisico, per avere consigli su come ci si debba comportare in determinate situazioni. L'amico è un manuale pronto per l'uso cui ricorrere nei momenti di difficoltà. Le conferme che prima si cercavano in famiglia ora si cercano negli amici.*
*Ma perché l'amico è così importante? Per quale motivo i genitori perdono il loro primato e cessano di essere un valido punto di riferimento per i loro figli? E chi è l'amico perfetto?*
*L'adolescenza è una terra di mezzo, un'età di passaggio: non si è più bambini ma non si è ancora adulti.*
*In questa fase della vita, l'amico è quello che emotivamente sentiamo più vicino: la pensa come noi, ha gli stessi timori, desideri, sa ascoltarci, consigliarci.*

*I contributi che seguono, affrontano il tema dell'amicizia da due diversi punti di vista: uno esterno al problema e uno interno. Il primo è di uno psicologo, Paolo Gambini, che ci aiuterà a capire perché il preadolescente cambia i suoi punti di riferimento.*
*Il secondo è di snoopy1999, una tua coetanea che ci racconta che cosa si prova e quali emozioni si vivono in questa fase della vita.*

## LA SFIDA EDUCATIVA DEGLI ADOLESCENTI

Non è da molto tempo che alcuni ricercatori si sono dedicati a studiare la preadolescenza come una tappa evolutiva autonoma. È importante riconoscere la specificità di questa fase, per non continuare a vedere e trattare i ragazzi di questa età come bambini o per evitare di sospingerli, all'opposto, verso un'adolescenza anticipata. [...]

Durante la preadolescenza inizia a cambiare anche il rapporto fra l'individuo e i suoi genitori. Anche se durante questa età permane un atteggiamento di forte dipendenza e di idealizzazione nei confronti di queste figure, allo stesso tempo emerge nel ragazzo e nella ragazza anche l'esigenza di rendersi un po' più indipendente.

È una fase in cui si assiste a un lento e progressivo passaggio da un "orientamento verso i genitori" a un "orientamento verso i pari". Il preadolescente, pur essendo ancora dipendente dalla famiglia, cerca e inizia a guadagnarsi dei propri spazi di autonomia. [...]

Nella strutturazione dell'Io in divenire, l'amico per la pelle, l'amica del cuore, rappresentano per il preadolescente un essere nel quale in certo modo egli si rispecchia; nell'amico egli valuta l'esattezza dei propri giudizi, la qualità, il significato e la portata delle proprie azioni; nell'amico incontra insomma un modello concreto di confronto. [...]

È l'esperienza quotidiana il luogo principale in cui i ragazzi e le ragazze realizzano la propria ricerca. È ascoltando quanto in essa percepisce col corpo, attraverso le emozioni e i pensieri che l'accompagnano, che il preadolescente cerca di scorgere quali sono le sue motivazioni personali: i suoi gusti, i suoi interessi, i suoi desideri, le cose importanti della vita. È dal groviglio di percezioni, di emozioni, di sentimenti, di immagini, di pensieri che l'esperienza comporta che il ragazzo interpreta chi è e cosa vuole.

Da *La sfida educativa degli adolescenti* di Paolo Gambini in "Pedagogia e Vita", marzo-aprile 2007, n. 2
(http://www.fidae.it/AreaLibera/AreeTematiche/Condizione%20Giovanile/Gambini_sfida.pdf)

di snoopy1999

## LE AMICHE

Quando eravamo piccoli, le sole cose che ci interessavano erano cibo quanto basta, un posto caldo e accogliente, e mamma e papà pronti a soccorrerci se stavamo male. Successivamente, dopo aver imparato a riconoscere i nostri genitori cominciavamo ad annoiarci, volevamo qualcuno di più simile a noi, un amico. La cosa più bella degli amici è la loro diversità: hai amici con cui giochi a tennis, ma che non ti seguirebbero in vacanza, e amici con cui esci, che non si sognerebbero mai di venire a fare shopping con te. Anche le amicizie più solide attraversano periodi "tempestosi". Se ci capita di litigare, non vuol dire che non saremo più amici come prima; significa invece che sta a uno dei due fare la prima mossa e rimettere le cose a posto. Quante volte i nostri genitori si sono lamentati dei nostri amici?

È normale che gli amici influenzino il nostro modo di vestire, di ragionare, di comportarci, e questo ai nostri genitori non può andare sempre a genio! La cosa da fare è non fregarsene affatto. Nulla rimane sempre uguale, nemmeno l'amicizia.

A otto anni avevo i capelli ricci, mi piacevano i cartoni animati e credevo che il cibo migliore della terra fossero pizza e patatine fritte. Quattro anni dopo mi faccio la permanente, ascolto solo Shakira e penso che gli zoo siano i posti più crudeli della terra. Può essere così anche con gli amici; alcuni durano una vita, altri svaniscono dopo un paio di anni. Dal giorno in cui apriamo gli occhi, cerchiamo l'approvazione degli altri. Vogliamo attirare l'attenzione su di noi e cerchiamo conferme sulla nostra immagine. Impariamo che la vita è più dolce quando gli altri ci considerano. Quando siamo piccoli cerchiamo l'approvazione dei nostri genitori ma da un certo punto in poi nel periodo "dell'adolescenza" ci interessa di più il parere della nostra amica piuttosto che quello di nostra madre. Prima: fare la brava per tutta la settimana, così mamma e papà il sabato mi portavano fuori. Oggi: fare la brava per tutta la settimana in modo da non dover uscire con mamma e papà il sabato. Ai tempi dell'asilo non mi accorgevo della differenza tra amici maschi e femmine, crescendo noi femmine e i maschi abbiamo iniziato a stare in gruppi separati. Ma intorno agli 11 anni inizi a notare che il tuo vicino ha degli occhi stupendi. La prima volta che un ragazzo ti chiede di uscire con lui, anche solo per mangiare un panino alla nutella, è come se il resto del mondo svanisse, e non riesci a pensare ad altro che a lui. In questo caso si trascurano le amiche... Ma se vuoi che gli amici ti stiano ancora accanto quando questo nuovo "amore" sarà finito, non tagliare i legami con loro.

Repubblica@scuola
(http://scuola.repubblica.it/articolo/le-amiche/4073/?id_articolo=6227)

## SCHEDA OPERATIVA

### L'AMICIZIA

*Snoopy1999 afferma che anche le amicizie più solide attraversano periodi tempestosi; se ci capita di litigare, questo non vuol dire non essere più amici, c'è solo bisogno che uno dei due faccia la prima mossa per rimettere le cose a posto. Sei d'accordo? Tu saresti disposto a fare la prima mossa per salvare un'amicizia?*

..........................................................................................................................

..........................................................................................................................

..........................................................................................................................

*Secondo te quali caratteristiche deve avere l'amico perfetto? Traccia sul quaderno un breve profilo del tuo amico perfetto.*
*Immagina ora che Barbara sia la tua migliore amica, rispondi alla sua mail in modo schietto e sincero, cerca di rassicurarla e dalle suggerimenti per alleviare la tensione e lo stress per l'esame che si avvicina. Lavora sempre sul quaderno.*

## DISCUTINE CON L'INSEGNANTE

*Il confronto con un amico, con chi ci è simile, ci aiuta anche a capire meglio noi stessi. Inoltre, condividere paure, ansie, incertezze, speranze o aspettative per il futuro ci fa sentire meno soli. Nel gruppo ci si sente simili, si condividono idee e un modo di "vedere il mondo". Il gruppo ci rassicura. Sei d'accordo? Discutine con l'insegnante e con i compagni.*

## LA PAROLA A CHI SCRIVE PER MESTIERE

*Amicizia: tutti abbiamo sperimentato questa relazione speciale che ci lega a un'altra persona. Soprattutto nei momenti di bisogno, come accade a Barbara, il sostegno di un amico diventa davvero prezioso.*

*Leggi che cosa scrive, a proposito di questo magico legame, la scrittrice Natalia Ginzburg. Lo stralcio che ti proponiamo parla proprio dell'amicizia.*

***L'amicizia** da "Le piccole virtù" di Natalia Ginzburg, pag. 133.*

## PER SAPERNE DI PIÙ

*Guarda il bel video sull'amicizia tratto dal libro **La psicologia dello Zorba** di Arshad Moscogiuri. È la stessa voce narrante dell'autore a ripercorrere le varie fasi dell'amicizia nel tempo, come fenomeno evolutivo dell'Homo Sapiens. Il video, anche con l'aiuto di un bel repertorio di immagini e della musica blues di Dizzy Gillespie, racconta del rapporto empatico che si crea con l'amico autentico, una persona con la quale puoi mostrarti vulnerabile, con la quale puoi anche esporti perché sai che non ne approfitterà.*

*Lo troverai cercando su YouTube: "**Bellissimo video su amicizia - Arshad Moscogiuri da La Psicologia dello Zorba**"*

*Eccone alcuni passi significativi:*
*"Dall'Homo Sapiens in poi, l'amico è stato identificato con chi non rappresenta una minaccia per la tribù. Chi era esterno alla tribù poteva comunque essere accettato e diventare amico e solo chi era contro il branco era considerato nemico. Con l'evoluzione delle istituzioni sociali diventa importante conformarsi alle idee e ai valori comuni, per essere accettati spesso ci si conforma e si adottano gli stessi canoni aggregativi: un determinato look, stessi atteggiamenti o lo stesso linguaggio, la stessa modalità di ostentazione economica attraverso il possesso di oggetti, le stesse preferenze musicali...".*

*"La porta della relazione è aperta, ma si stanno mostrando, più che altro, le insegne di appartenenza sullo scudo, nell'ansia di essere accettati e riconosciuti. E se provassimo a spalancare la porta completamente?"*

*"Le amicizie vere sono quelle che supportano gli intenti, che stimolano le risorse, che si fidano e meritano fiducia. Le relazioni ambientali, le conoscenze superficiali chiamate amicizia per via della frequenza di contatti, a volte frenano i nostri intenti, non stimolanole risorse interiori, non si fidano un granché e non hanno la nostra completa fiducia.*
*La diffrenza tra un'amicizia e una relazione ambientale è che la prima riporta l'individuo a sé facendogli da specchio. Tiene lo specchio pulito e la porta aperta, e questo ci invita a pulire il nostro e a spalancare l'uscio. La seconda apre solo uno spiraglio, e le uniche cose che si specchiano sono le insegne, quando sono simili".*

# La scuola, che ansia!!

Gentile esperto,

sono Andrea, frequento la terza media e ho un problema: LA SCUOLA! Non mi è mai piaciuta, lo confesso, ma ho cercato sempre di evitare bocciature recuperando alla fine dell'anno.

I miei ci tengono molto: non fanno che ripetermi che se non studio nella vita non combinerò mai niente di buono.

In classe sono famoso per la mia creatività nel trovare ogni tipo di scusa possibile per non aver studiato. I compagni che non hanno fatto i compiti spesso ricorrono a me per qualche buona scusa e devo dire che non li ho mai delusi. Dovrebbero darmi un premio per la mia creatività! Non sono uno stupido, uno zuccone come dice la prof di matematica, è che proprio la scuola non mi interessa, preferisco leggere! Eppure ce la metto tutta, o almeno così mi sembra, il pomeriggio mi dico: va bene ora leggo solo un po' e poi studio. Poi invece la lettura mi cattura e non riesco a fermarmi. Come si fa a fermarsi quando si sta leggendo FAHRENHEIT 451 di Ray Bradbury, dove possedere libri è un reato e un'apposita squadra di vigili del fuoco è impegnata a bruciare ogni tipo di volume? Devo necessariamente scoprire se Montag, il protagonista ribelle, riesce o meno a farla franca!

Adesso però la situazione si è complicata, nonostante io mi sia "messo sotto" dopo le insufficienze del primo quadrimestre.

Giuro che ho iniziato a studiare per evitare la non ammissione all'esame, ma le cose non sono andate come immaginavo e mi sta capitando una cosa stranissima che non capisco.

Sono sempre stato un abile scalatore, mi arrampico anche sugli specchi, nelle interrogazioni capto come un radar qualche suggerimento qui, qualcuno là, li combino insieme, ci metto qualche *cioè*, qualche *quindi*, qualche *in sostanza* (che fa la sua bella figura), e riesco a evitare il mutismo totale. I risultati non sono un granché ma meglio di niente!

Ora invece che dovrei andare alla grande visto che sto studiando, quando sono alla cattedra mi capita sempre più spesso di non riuscire a trovare le parole giuste per esprimermi, così inizio ad agitarmi, mi impappino e penso "non ce la farò mai, ora faccio scena muta," cosa che poi puntualmente avviene. Le gambe iniziano a tremare, le mani sudano, credo anche di arrossire perché mi sento la testa in fiamme e questo mi preoccupa ancora di più perché penso alla figuraccia che faccio con i miei compagni che mi ritengono uno "tosto".

Fino a pochi minuti prima credevo di avere tutto a mente, poi appena la prof mi chiama, la mia testa diventa un enorme buco nero, cerco di ripescare qualche concetto; sarà pur lì da qualche parte, mi dico, ma è inutile, c'è solo il vuoto totale!

Ho smesso persino di leggere!

Che mi succede? È come se stessi vivendo un brutto incubo e il fatto più atroce è che più tento di controllarla, più l'ansia sale e più io mi inceppo. Com'è possibile? Non mi era mai capitato di aver paura di sbagliare, forse perché non studiavo e non avevo nulla da perdere? Non lo so! Sono confuso e soprattutto spaventato! Mi aiuti a capire che cosa mi succede?!
Questo fatto mi sta distruggendo!!!

Grazie

Andrea

SCHEDA di APPROFONDIMENTO

### LA PAURA DELL'ERRORE

*A scuola Andrea se l'era sempre cavata poi, proprio quando decide di mettersi a studiare, nelle interrogazioni fa scena muta. Cosa gli succede? Perché nonostante abbia studiato va in ansia a tal punto da non ricordare più niente?*

*Riuscire a cavarsela in qualche modo pur senza aver studiato faceva sentire Andrea grande: "Non sono uno stupido è solo che non mi va di studiare, ma se io volessi andrei alla grande", inoltre proprio per la sua capacità di arrampicarsi sugli specchi, riceveva anche l'apprezzamento dei suoi compagni.*

*Quando poi decide di studiare e quindi di mettersi in gioco, inizia ad avere paura di non essere all'altezza del compito, accumula tensione, teme il giudizio altrui, va in ansia e pensa di non ricordare niente. Proprio questa convinzione lo condiziona a tal punto da non ricordare effettivamente niente. È la paura dell'errore a spingere Andrea in un circolo vizioso: ha studiato e si aspetta perciò un buon risultato, vorrebbe fare una bella figura, ma è proprio quest'ansia a bloccarlo al punto tale da condizionare negativamente il risultato.*

Quando siamo troppo in ansia per una prova che dobbiamo affrontare, la paura ci porta ad avere pensieri catastrofici: *non ce la farò, sarà un buco nell'acqua, non valgo niente come studente, sono una frana, i miei amici rideranno di me, i miei genitori saranno dispiaciuti, il prof penserà che non ho studiato...* Questo dialogo interno negativo ci porta proprio lì dove non volevamo andare: verso l'insuccesso.

Quando abbiamo un buon risultato in un'interrogazione o in una verifica, gli altri ci considerano bravi e questo riconoscimento ci fa sentire benvoluti e accettati. Se sbagliamo, invece, temiamo di perdere la stima delle persone che ci stanno a cuore. È come se dovessimo necessariamente essere sempre perfetti per guadagnarci l'approvazione degli altri. Questo ci porta a essere estremamente severi con noi stessi; anche una piccola sconfitta ci abbatte così tanto che mettiamo in discussione tutto: sono sbagliato, non combino nulla di buono. Più siamo dispiaciuti per quello che ci è accaduto, più aumenta la nostra tensione, ma stress e tensione fanno brutti scherzi, così più non vogliamo assolutamente sbagliare, più sbagliamo.

Si genera un circolo vizioso dal quale è difficile uscire se non cambiando prospettiva: rinunciare alla perfezione e imparare a vivere le proprie piccole imperfezioni. Anche se un'interrogazione è andata male non cade il mondo. Se ci concediamo il diritto all'errore allora è possibile che l'ansia si ridimensioni a livello normale e che le cose inizino a girare per il verso giusto.

C'è un altro aspetto sul quale riflettere: quando siamo in ansia, ce ne vergogniamo tanto per cui tendiamo a nasconderla; è bene, invece, cercare di comunicarla, buttare fuori quello che si sente. Nasconderla non ci aiuta perché più la si nasconde, più l'ansia si amplifica. Comunicarla a compagni, prof, genitori, ci aiuta a tenerla più sotto controllo e ci dà inoltre una bella sensazione di liberazione. Non dobbiamo stare a controllarci e a sforzarci di nascondere il nostro malessere.

Se gli uomini si fossero fermati davanti ai propri errori, l'umanità non sarebbe progredita.

1 Leggi la seguente biografia tratta da "*Come ottenere il meglio da sé e dagli altri*" di Anthony Robbins.

È la biografia sintetica di un uomo che:

- a 31 anni è fallito come uomo d'affari
- a 32 anni è stato bocciato a un'elezione
- a 34 un altro fallimento
- a 35 gli è morta la donna amata
- a 36 ha avuto un crollo psichico
- a 38 ha perduto un'altra elezione
- a 43 non è riuscito a farsi eleggere al Congresso
- a 46 ci ha riprovato ed è stato bocciato un'altra volta
- a 48 stessa esperienza
- a 55 non è riuscito a farsi eleggere senatore
- a 56 ha perduto la corsa per la vicepresidenza
- a 58 non ha avuto un seggio senatoriale
- a 60 è stato eletto presidente degli Stati Uniti.

È Abramo Lincoln.

Che cosa sarebbe accaduto se Lincoln avesse considerato tutto quello che gli è accaduto come una serie di fallimenti? Se avesse pensato di non essere abbastanza bravo? Se non avesse imparato dai propri errori?
La storia dell'umanità è costellata di insuccessi, anzi sono proprio gli errori a indicarci spesso qual è la strada giusta.

2 Leggi ora cosa scrive il giornalista Massimo Gramellini a proposito:

Ogni essere umano tende a imprigionarsi dentro una scatola che si costruisce da solo o che gli altri hanno costruito per lui. E la scatola dei "non-ce-la-faccio" e dei "non-si-può". Le sue pareti sono composte dai nostri pensieri di debolezza e paura, che addebitano sempre a qualche causa esterna (la famiglia, la società ingiusta, la sfortuna) le ragioni di una scelta vile o comunque riduttiva, che ci consente di utilizzare soltanto una minima parte delle nostre facoltà. Se riuscissimo a guardare oltre la scatola, scorgeremmo orizzonti nuovi nei quali liberare la personalità rattrappita. Restando chiusi là dentro, invece, finiamo col credere davvero che i confini della scatola coincidano con i confini del mondo e di ciò che è possibile per noi. La scatola è una prigione. Ma una prigione comoda, perché scalda, protegge e soprattutto concede un alibi formidabile alle frustrazioni.
Ma se abbiamo la forza di romperla, faremo una scoperta clamorosa: che ognuno di noi può essere molte più cose di quelle che crede.
Penserai che l'abbia letta in qualche manuale di psicologia. Macché. Era la prefazione a un libro di tennis firmata dal campione svedese Bjorn Borg. Non so se l'avesse scritta lui personalmente. Ma fu applicando su di sé la «rottura della scatola» che Borg riuscì a trasformare un fisico mingherlino e una mente ordinaria in una macchina di potenza e concentrazione senza uguali.

(da "Cuori allo specchio")

Se riusciamo a ripensare all'errore non in termini negativi, ma in termini positivi, possiamo più facilmente raggiungere i nostri obiettivi. L'esempio del presidente Lincoln ce lo conferma. D'altra parte il saggio detto popolare "sbagliando s'impara" sta proprio a indicare che l'errore accompagna tutta la nostra vita e può diventare, se impariamo a non averne paura, un'utile occasione di apprendimento. Tutto dipende da come guardiamo le cose che ci accadono e da come ce le rappresentiamo nella nostra mente. Se fissiamo l'attenzione sul fatto che *siamo caduti* o piuttosto sul fatto che *ci siamo rialzati*; sui *fallimenti* e sugli ostacoli o sulla *capacità di riuscire a farcela*.

## SCHEDA OPERATIVA

### CARO DIARIO

*Trasforma la lettera di Andrea in una pagina di diario.*

..............................................................................................................

(*continua sul quaderno*).

## DISCUTINE CON L'INSEGNANTE

*Sei mai stato preso dall'ansia durante un'interrogazione o una verifica? Hai talvolta paura di non farcela? Ne hai parlato con qualcuno? Discutine con l'insegnante e confrontati con i tuoi compagni.*

## LA PAROLA A CHI SCRIVE PER MESTIERE

*La lettera di Andrea alla redazione pone molti quesiti: la paura dell'interrogazione, il piacere di leggere e gli "obblighi" scolastici. Approfondiremo questi temi con l'aiuto di chi scrive per mestiere. Daniel Pennac, oggi insegnante e scrittore famoso, ci racconta di quando era studente e parla del cattivo rapporto che aveva con la scuola. Il racconto di fantascienza di Isaac Asimov ti farà entrare in un futuro senza scuola che guarda al passato, pensando a come dovevano divertirsi gli studenti nelle scuole. Con Ray Bradbury i libri diventano pericolosamente eversivi perché stimolano il pensiero.*

***Diario di scuola*** *di Daniel Pennac, pag. 136.*
***Chissà come si divertivano*** *di Isaac Asimov, pag. 142.*
***Fahrenheit 451*** *di Ray Bradbury, pag. 144.*

## YouTube PER SAPERNE DI PIÙ

*Guarda su YouTube "**The Fantastic Flying Books of Mr Morris Lessmore**". È un cortometraggio animato che ha vinto nel 2012 il Premio Oscar per il miglior cortometraggio di animazione. Mr Morris, il protagonista, dopo una tempesta che ha spazzato via tutto, si ritrova a vivere in un mondo privo di colori dove tutto, anche le persone, sono in bianco e nero. È la sua passione per i libri a salvarlo: li raccoglie, diventa bibliotecario e diffonde l'amore per i libri che ridaranno colore alla vita.*

# Ho perso mio padre

Cari amici di redazione,

sono Giacomo e ho 13 anni, vi scrivo perché non so più che fare: da quando è morto mio padre, tutto è cambiato. Sono passati già quattro mesi, pensavo che il dolore e questo incredibile senso di vuoto che sento dentro si sarebbero attenuati, ma mi sembra che tutto vada sempre peggio. Non ho pianto e non riesco a piangere nonostante il groppo alla gola.

Mi sento solo e mi sembra ogni giorno tutto più difficile, solo alzarmi dal letto per andare a scuola è un'impresa! Anche con mia madre non va molto bene: lei cerca di parlare con me, mi chiede le cose, ma io non ho nessuna voglia di parlare. Mi vede star male e non sa cosa fare, ieri mi ha detto che non posso continuare a tenermi tutto dentro, che devo provare a tirare fuori quello che sento, perché starei meglio. Ma io non riesco a farlo. Penso sempre: ma perché proprio a me! Cosa ho fatto di male?

Ho incominciato a perdere la fede. Se Dio esiste come fa a permettere che nel mondo ci sia tanto dolore, tanta sofferenza, ingiustizie, guerre, fame, povertà, distruzione, morte e angoscia? A volte mi sembra di odiare tutto e tutti. A volte sbotto all'improvviso e anche a scuola ormai va male, sono spesso impreparato perché sto ore sui libri ma la mia testa è altrove. I bei voti che erano l'orgoglio di papà sono ora un ricordo lontano.

Cosa posso fare? Aiutatemi vi prego!

Ciao

Giacomo

SCHEDA di APPROFONDIMENTO

## PIANGERE FA BENE

*La mancanza di una persona cara è un'esperienza molto dolorosa e traumatica perché interrompe bruscamente la relazione affettiva che avevamo con quella persona. Quando ci viene a mancare qualcuno che amiamo, proviamo un miscuglio di emozioni che vanno dal dolore alla rabbia; dalla nostalgia al senso di colpa per non aver fatto qualcosa o detto qualcosa che potevamo fare o dire, dalla sensazione di vuoto, alla paura dell'abbandono. È insomma una situazione molto complessa da affrontare. Se poi si è in quella fase critica di passaggio che è la preadolescenza, è ancora più difficile affrontare il dolore e la confusione che esso genera.*
*Che cosa ci può aiutare? Non bloccare le emozioni negative. Se in un momento simile soffochiamo le emozioni, rallentiamo il processo di elaborazione del lutto e rischiamo di nutrire un rancore, di alimentare un malessere che potrebbe prima o poi emergere in altre situazioni future. Parlarne fa bene, e anche piangere fa bene, perché ci aiuta a tirare fuori quello che proviamo, a scaricare la tensione emotiva e lo stress. Gli uomini d'affari giapponesi sanno bene che piangere fa bene e, per scaricare lo stress, frequentano i crying club (i club del pianto), dove possono piangere in santa pace, con l'aiuto di film commoventi, in compagnia di perfetti sconosciuti. Questa soluzione può sembrare esagerata, ma lasciarsi andare ogni tanto, non può che farci bene!*

1 Leggi, a proposito dei benefici del pianto, l'articolo che segue tratto dal Corriere della Sera di qualche anno fa.

## PIANGERE FA BENE ALLA SALUTE. ECCO GLI STUDI CHE LO DIMOSTRANO

*Secondo uno studio della Università del Minnesota le lacrime restituiscono al corpo benessere e equilibrio.*

**MILANO** - Che aiutassero a scaricare la tensione l'avevamo sempre sospettato, ma che facessero bene anche alla nostra salute fisica è un'intuizione recente. Le lacrime, secondo diversi studi, tra cui uno condotto dallo scienziato William Frey, professore della University of Minnesota, sono un toccasana per il nostro benessere fisico e psicologico. I numeri parlano chiaro: nove persone su dieci si sentono meglio dopo un bel pianto (l'88,8% dichiara che il proprio umore migliora notevolmente dopo aver versato una buona quantità di lacrime, mentre solo l'8,4 afferma che le cose vanno peggio). Inoltre piangere riduce lo stress quotidiano e mantiene il nostro corpo in salute.

**MOTIVO FISIOLOGICO** - Sebbene sia considerata un'attività poco consona agli adulti, piangere è una costante nella vita delle persone. In media una donna ogni anno piange 47 volte, mentre un uomo solo 7. La scienza ancora deve dimostrare "la causa fisiologica del pianto" ovvero perché noi piangiamo e soprattutto che cosa accade nel nostro corpo quando versiamo delle lacrime. Piangere infatti è una delle poche "specificità fisiologiche uniche degli esseri umani" e probabilmente è un'attività che il nostro organismo porta a termine per stare meglio proprio come quando si ride o si prova rabbia. Ad esempio la scienza ha dimostrato che ridere fa bene alla salute perché migliora la circolazione del sangue, riduce il livello di stress ormonale, aiuta il sistema immunitario e produce più anticorpi.

**MISTERO DELLE LACRIME** - Il professore William Frey, autore del libro "Crying: The Mystery of Tears" (Piangere: il mistero delle lacrime), per spiegare cosa accade quando noi piangiamo, ha formulato la "recovery theory" (teoria della guarigione). Partendo dalla scoperta che le "lacrime emozionali", quelle causate da un dolore o da una forte emozione, sono diverse chimicamente da quelle provocate da stimoli non emotivi (come quelle che versiamo ogni qual volta sbucciamo una cipolla) lo scienziato suggerisce che il primo tipo di lacrima è prodotto dal nostro organismo per restituire al corpo una condizione di equilibrio e di benessere che era stata perduta a causa di una situazione stressante: "Penso che ci sentiamo meglio dopo aver pianto perché ci siamo liberati di qualcosa" afferma il professore William Frey al quotidiano inglese Independent. "Le sostanze chimiche che sono prodotte quando siamo sotto stress probabilmente sono rimosse attraverso le nostre lacrime quando noi piangiamo". Il professore inoltre pensa che le lacrime siano necessarie e che senza lacrime lo stress incamerato non sarebbe espluso e ciò farebbe aumentare il rischio di infarto o di danni al cervello: "La capacità dell'uomo di piangere gli permette di sopravvivere".

**NUOVA RICERCA** - Un'altra ricerca condotta da studiosi della University of South Florida dà ragione alle intuizioni del professor Frey. Secondo questo studio piangere stimola alcune funzioni del nostro corpo e riequilibra la nostra salute psichica. Infatti gli studiosi hanno potuto dimostrare che la sensibilità della pelle aumenta durante e dopo aver pianto e inoltre le lacrime migliorano anche la nostra respirazione: entrambi questi mutamenti sono due chiari segnali di buona salute. "È probabile che piangere sia allo stesso tempo una tecnica automatica per combattere lo stress e un modo per ristabilire l'equilibrio fisiologico" dichiara lo studio. Tutte le ricerche, comunque, sembrano d'accordo nell'affermare che proprio perché è un'attività necessaria, non bisogna aver vergogna di piangere. Secondo il professor Frey le lacrime, aiutandoci a combattere lo stress, ci hanno permesso di sopravvivere alle pressioni della selezione naturale: "Piangere è una delle cose che ci fa distinguere come esseri umani".

da Francesco Tortora, in "Corriere della sera", 11 Novembre 2008

**SCHEDA OPERATIVA**

## SEI L'ESPERTO, RISPONDI!

*Mettiti nei panni dell'esperto della rivista e prova a dare una risposta a Giacomo, anche prendendo spunto dalla scheda di approfondimento. Lavora sul quaderno.*

## DISCUTINE CON L'INSEGNANTE

*Ciascuno di noi reagisce alla sofferenza in modo diverso: c'è chi camuffa il dolore e può persino apparire freddo e distaccato, chi lascia trasparire le proprie emozioni, chi si dispera apertamente, chi chiede esplicitamente aiuto, chi cerca la solitudine e chi è sempre alla ricerca di compagnia per riempire "il vuoto". Le donne, rispetto ai maschi, sono più propense a manifestare apertamente la loro sofferenza e piangono di più. Molte ricerche provano che il pianto dà sollievo. Perché allora i maschi, rispetto alle donne, piangono molto meno? La resistenza dei maschi a manifestare le proprie emozioni, a esprimere quello che realmente sentono, è dovuta, molto probabilmente, a un fattore culturale.*

*Elena Gianini Belotti, nel suo libro* ***Dalla parte delle bambine****, parla dei condizionamenti culturali nell'educazione dei bambini e delle bambine. L'autrice afferma che comunemente quando un bambino piange gli si dice: non piangere, sembri una femminuccia! Anche oggi piangere è considerato per un uomo un segno di debolezza? I maschi sono ancora educati a reprimere le proprie emozioni? Tu cosa ne pensi? Sei d'accordo? Esponi la tua opinione anche facendo riferimento alla tua personale esperienza e discutine con l'insegnante e con i tuoi compagni.*

## LA PAROLA A CHI SCRIVE PER MESTIERE

*Approfondiamo l'argomento del dolore e della perdita di persone care con dei testi molto diversi tra loro.*
*Il primo è di Chiara, una ragazza che ha dovuto affrontare una di quelle malattie ancor oggi innominabili: un tumore. Il testo* ***Non chiedermi come sto ma dimmi cosa c'è fuori****, pubblicato dall'Area giovani del CRO (Centro di Riferimento Oncologico) di Aviano, ci insegna che la vita è bella sempre e comunque, che lottare si può e si deve perché solo se si combatte, si può vincere.* *Lo troverai a pag. 148.*

*Il secondo stralcio che ti proponiamo è tratto da* ***Così è la vita*** *di Concita De Gregorio. La scrittrice si chiede perché vecchiaia, malattia e morte siano un tabù e perché non se ne parli mai, e indaga il senso di questo silenzio: la nostra società coltiva i falsi miti della bellezza e dell'eterna giovinezza, per cui la vecchiaia e la morte sono diventati i nuovi tabù.* *Lo troverai a pag. 150.*

*Il terzo contributo, sempre di Concita De Gregorio, è il racconto, tenerissimo, di* ***Angelo****, un bambino di nove anni che ha combattuto ma non ce l'ha fatta a sconfiggere un male innominabile, ma è riuscito a vincere e a conquistare il regno di Ther.* *Lo troverai a pag. 152.*

# Anch'io ho un diario!

Caro diario,

oggi in classe abbiamo letto un brano di Natalia Ginzburg sui litigi in famiglia.

Mentre Marta leggeva io mi sentivo male, è la prima volta che quello che provo viene sbattuto sulla pagina così, nero su bianco. È da tanto tempo che ti scrivo di me, ma non ti ho mai raccontato nulla di quello che davvero mi ha fatto e mi fa ancora soffrire. Leggere quel brano mi ha aperto la mente, o meglio il cuore. Ora so di aver avuto paura a parlarne anche a te che custodisci i miei segreti più intimi. Forse perché quando si scrive quello che si prova, lo scritto rimane lì indelebile a testimoniare il tuo stato d'animo, e ogni volta che riapri il diario il tuo sguardo scivola tra le pagine e all'improvviso quello che hai scritto, e che vorresti dimenticare, ti viene sbattuto in faccia.

Metterci a nudo su un foglio bianco ci aiuta a vedere meglio i colori della vita! Questa frase della Ginzburg mi è proprio piaciuta. Insomma tutto è partito dal brano e da lì è iniziata una bella discussione in classe sul perché scrivere. La prof ha detto che scrivere fa bene, che è terapeutico, che serve a tutti per capirsi meglio, per superare i momenti brutti. Dice che buttare fuori le cose che abbiamo dentro ci aiuta ad andare avanti e a superare gli ostacoli. Ci ha chiesto se avevamo un diario personale. Mi sono guardato intorno: Carla, Dina, Roberta e Giulia hanno alzato la mano, nessuno dei miei compagni l'ha fatto. Ma sono solo le ragazze che scrivono o anche i ragazzi lo fanno e non hanno il coraggio di confessarlo? Non lo so, comunque io la mano non l'ho alzata!

Ora sono qui e finalmente ti scrivo, dico "finalmente" perché voglio proprio liberarmi di questo piccolo mostro che mi porto dentro da quand'ero piccolo. Beh! Almeno ci provo e vediamo se davvero funziona!

Ricordo di aver provato le stesse cose descritte nel brano, quando Roberto veniva a giocare da me e i miei litigavano, io alzavo la voce e ridevo forte perché non volevo che se ne accorgesse, eppure era il mio migliore amico, ma in quel momento per me non esisteva più, non vedevo l'ora che se ne andasse via perché come si fa ad avere un amico del cuore quando il cuore ce l'hai spezzato? È così che mi sentivo! Ora che sono grande, fra due mesi sai che compirò 13 anni, ho imparato a difendermi: quando qualcosa non va mi chiudo nella mia stanza, metto le cuffiette dell'Ipod e aspetto che la tempesta passi. E passa. Ma dentro mi rimane sempre il ricordo di quel bambino spaventato.

Oggi ho capito che non sono l'unico ad aver provato certe cose e anche che quando si è bambini le cose ci sembrano più grandi di quelle che sono. Non so se questo sfogo servirà a qualcosa, forse sì, ma comunque è stato bello scriverti.

A domani!

SIMONE

SCHEDA di APPROFONDIMENTO

## SCRIVERE PER GUARDARSI DENTRO

*Scrivere per guardarci dentro, per riflettere su quello che ci sta accadendo e anche per prenderne le distanze e ragionare a mente fredda. Scrivere per chiarirci le idee, per fermare sulla carta pensieri, emozioni, per avere la possibilità di ritornarci sopra, di rileggere e ancora una volta di riflettere. Scrivere per capire anche le nostre contraddizioni e i sentimenti contrastanti che proviamo. Scrivere per acquisire una consapevolezza che prima non avevamo. Scrivere ci aiuta sempre a trovare uno spazio di riflessione. Ci aiuta a crescere, a qualsiasi età.*

Scrivere fa bene! È un po' come abbracciarsi , un prendersi cura di sé, un ritrovarsi. Ci dà la possibilità di tirare fuori delle cose che altrimenti sarebbero lì stipate nella nostra mente. Può essere anche un "vomitare" nello spazio della pagina una brutta esperienza che non abbiamo la forza di raccontare a nessuno, forse neanche a noi stessi, ma che sta lì nella nostra testa. Poi nel momento in cui l'abbiamo messa nero su bianco, ci sentiamo meglio, liberati. La scrittura aiuta ad avere una maggiore consapevolezza di sé, a considerare meglio le proprie esperienze valutandone gli aspetti positivi e negativi.

Tenere un diario personale nell'adolescenza è come registrare le tappe del proprio cammino verso il mondo adulto, permette di tornare indietro e di rileggere quello che è accaduto, ci fa riflettere sulle nostre reazioni, e "con il senno del poi", impariamo dalle nostre stesse esperienze, positive o negative che siano. Insomma, scrivere un diario può diventare una strategia di miglioramento personale e può aiutarci a potenziare la nostra capacità di osservazione, la nostra capacità critica e introspettiva. Il diario diventa allora un prezioso compagno di viaggio.

SCHEDA OPERATIVA

## IO E LA SCRITTURA

*"Affinché il pensiero divenga distinto è necessario che si sparpagli in parole; non ci accorgiamo bene di ciò che abbiamo nello spirito finché non prendiamo un foglio di carta e allineiamo uno accanto all'altro i termini che prima si compenetravano".*
*(Henri Bergson)*

*Henri Bergson, un famoso filosofo francese dell'Ottocento, ci aiuta a capire il rapporto tra pensiero e linguaggio: mettere ordine tra le parole ci aiuta a riordinare anche i nostri pensieri. La scrittura diventa così un modo per rafforzare le nostre capacità logiche e critiche. I pensieri, che nella nostra mente si accavallano e si intrecciano, sono costretti ad allinearsi sulla carta, a mettersi ordinatamente in fila. E ci aiutano a fare chiarezza, a capire meglio quello che ci accade.*

1. Ti è mai capitato di utilizzare la scrittura come strumento di riflessione per mettere ordine nei tuoi pensieri? Se non l'hai mai fatto, pensi possa esserti utile?

..........................................................................................................

..........................................................................................................

2. "Io sono convinta che la scrittura non serva per farsi vedere ma per vedere" dice Susanna Tamaro, scrittrice. Cosa pensi abbia voluto intendere la Tamaro? In che senso la scrittura non serve per farsi vedere ma per vedere?

..........................................................................................................

..........................................................................................................

3. "Ogni tanto mi accorgo che la penna ha preso a correre sul foglio come da sola, e io a correrle dietro. È verso la verità che corriamo, la penna e io, la verità che aspetto sempre che mi venga incontro, dal fondo d'una pagina bianca [...]".

La scrittura, secondo Calvino, favorisce l'auto esplorazione, ci aiuta a capire cosa accade non solo intorno a noi, ma anche dentro di noi. Sai spiegarne il perché?

..........................................................................................................

..........................................................................................................

4. Che rapporto hai con la scrittura? È solo un "dovere" scolastico?

5. Hai mai avuto un diario? Ti ha aiutato? Perché?

6. Gli studi dimostrano che la scrittura autobiografica è utile per mettere ordine nel proprio vissuto, è inoltre ancor più efficace nei momenti dolorosi della nostra vita, quando si affollano in noi emozioni contrastanti. Sei d'accordo? Ti è mai capitato in un momento difficile di aver sentito il bisogno di scrivere?

## DISCUTINE CON L'INSEGNANTE

*La professoressa Sian Beilock, che insegna Psicologia cognitiva presso l'Università di Chicago, ha fatto delle ricerche che dimostrano che tenere un diario giornaliero è efficace per combattere lo stress e l'ansia. Scrivere un diario serve per fissare sulla carta quello che ci accade e gli stati d'animo che l'accompagnano. Scrivere fa bene quindi, ma sono soprattutto le ragazze che sentono il bisogno di scrivere per esprimere le loro emozioni. Perché il diario è prevalentemente femminile? C'è qualche resistenza da parte dei maschi a parlare di sé? A manifestare (anche a se stessi) quello che provano? Fai un'indagine nella tua classe per verificare questa ipotesi e poi discutine con l'insegnante.*

## LA PAROLA A CHI SCRIVE PER MESTIERE

*Ti proponiamo un'intervista tratta da Rai Educational: gli studenti di un liceo romano chiedono allo psicologo Paolo Crepet da dove nasce il bisogno di tenere un diario segreto e perché scrivere fa bene.*

***Adolescenza e segreti, Intervista a Paolo Crepet**, pag. 155.*

## PER SAPERNE DI PIÙ

*Cerca su YouTube "**Il diario**", un cortometraggio presentato al Giffoni film festival. Alessandro, il protagonista, trova il diario di una ragazza e, pagina dopo pagina, se ne innamora.*

*Digita su un motore di ricerca: "**Scuola Holden, super mini storie**". La Holden ha lanciato nel 2008 il primo torneo letterario per mini racconti via SMS: 800 battute per raccontare piccole grandi storie; vi troverai il mini racconto vincitore di Marzia D'Amico.*

## CRESCERE CHE FATICA FILMOGRAFIA

***Il diario di Anna Frank**, George Stevens, 1959*
***I quattrocento colpi**, Francois Truffaut, 1959*
***L'amico ritrovato**, Jerry Schatzberg, 1989*
***Il grande cocomero**, Francesca Archibugi, 1993*
***Genio ribelle**, Gus Van Sant, 1997*
***Basta guardare il cielo**, Peter Chelsom, 1998*
***Un sogno per domani**, Mimi Leder, 2000*
***Billy Elliot**, Stephen Daldry, 2000*
***La ragazza delle balene**, Niki Caro, 2002*
***Il bacio dell'orso**, Sergej Bodrov, 2002*
***Io non ho paura**, Gabriele Salvatores, 2003*
***Il miracolo**, Edoardo Winspeare, 2003*
***Caterina va in città**, Paolo Virzì, 2003*
***Les Choristes – I ragazzi del coro**, Christophe Barratier, 2004*
***Diario di una schiappa**, Thor Freudenthal, 2010*
***Ribelle**, Mark Andrews e Brenda Chapman, 2012*

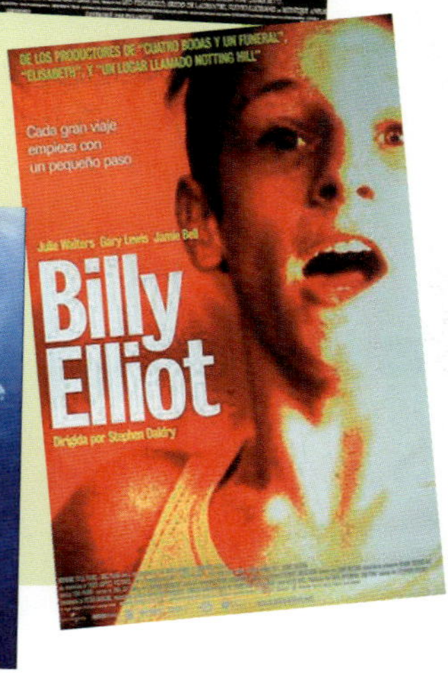

## PRIMA SEZIONE - La parola ai ragazzi

# LE RELAZIONI

# Voglio un tatuaggio

Caro diario,

oggi un'altra litigata con i miei! Non ce la faccio più!!! Appena arrivo a casa faccio di tutto per ignorarli perché basta un banalissimo sguardo per riaccendere la miccia e creare una tensione che si taglia con un coltello. Non c'è possibilità di scampo, ognuno resta sulle proprie posizioni e io finisco con lo sclerare!

Ormai è quasi una settimana che non faccio altro che ignorarli. Loro non cedono, io tanto meno! Vedremo chi la spunta!

Il fatto è che sono minorenne e ho bisogno del loro consenso per farmi il tatuaggio. Ho cercato anche di parlare con calma con mamma, che mi sembrava più comprensiva di papà, le ho fatto anche vedere il disegno del tatuaggio, l'ho fatto io, sono bravo in disegno, e non è nemmeno troppo grande, 4 cm! Ho proposto anche delle condizioni, le ho detto: "Se prendo la media dell'otto al primo quadrimestre allora me lo fai fare!" Tutto è stato inutile! Le motivazioni? "Quando sarai grande te ne pentirai! Noi abbiamo l'obbligo di impedirtelo, adesso non lo capisci, ma poi lo capirai!"

Ma dimmi se ti sembrano delle motivazioni valide! Quando non sanno che dire finiscono con il tirare in ballo il pentimento futuro. E se anche così fosse, io ora ne sono convinto, che cosa m'importa di quello che penserò domani? Se poi me ne pento, pace! Me lo tengo! Comunque sarà qualcosa che ho voluto con tutte le mie forze! E poi questa tiritera continua che mi faccio condizionare, che non ragiono con la mia testa, che mi uniformo agli altri... non la sopporto! E allora? Se anche così fosse cosa c'è di male? Bisogna per forza essere speciali? Ma poi speciali in che cosa? Nel distinguersi dalla "massa" come dicono loro? Mica vivo su un'isola deserta!

Vorrei poter dire ai miei che mi sento solo, che non è un caso che io mi sia deciso a tenere un diario personale, tra l'altro ho sempre preso in giro Luca che ne aveva uno, perché pensavo fosse una cosa da femmine. Ora però ho bisogno di tirare fuori quello che penso e, in questo momento ciò che provo è RABBIA!

A chi lo racconto che mi sento un fungo stretto e lungo, spuntato improvvisamente fuori stagione dopo una pioggia estiva? Cosa mi è capitato durante l'estate? Com'è possibile che io, già al di sopra della media per la mia altezza, sia ANCORA cresciuto di ben OTTO centimetri? Tieni presente la metamorfosi di Kafka? Ecco! Ora capisco cosa può aver provato Gregor Samsa nel vedersi trasformato in uno scarafaggio! Mi vedo magro, terribilmente magro e le mie spalle si sono incurvate! Insomma un tatuaggio mi farebbe sentire meglio no? È così difficile capirlo? Mi sentirei meno fungo!

*Ale*

SCHEDA di APPROFONDIMENTO

## IL TATUAGGIO NELLA PREADOLESCENZA

*Il tatuaggio, come arte di decorazione del corpo, è una tecnica molto antica. Da sempre l'uomo abbellisce il proprio corpo per testimoniare l'appartenenza a un gruppo o per comunicare agli altri un evento importante della propria vita, insomma per raccontare di sé. Sia che rappresenti un rito di passaggio da una fase all'altra della vita, sia che rappresenti la carta d'identità con la quale ci si vuole rappresentare agli altri, in ogni caso attraverso il tatuaggio il corpo parla.*

*Molti studiosi si chiedono perché in una società in movimento come la nostra, dominata dal continuo bisogno di cambiamento, dove tutto si consuma molto velocemente, sia così diffuso l'uso del tatuaggio che segna in modo permanente la nostra pelle.*

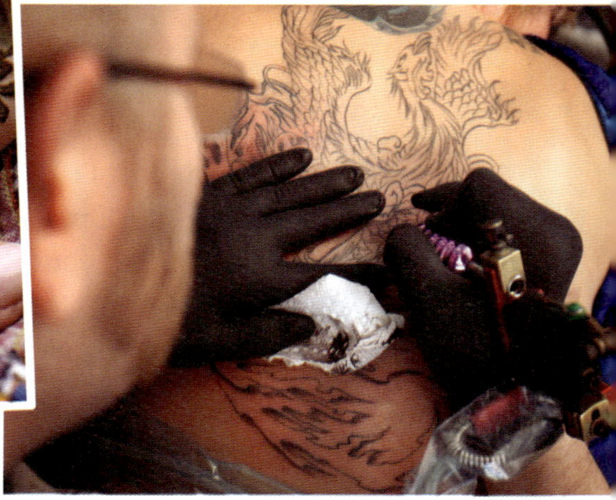

Tatuarsi è diventato oggi un fenomeno di massa che coinvolge trasversalmente tutti i ceti sociali e tutte le età. Un bisogno di massa in qualche modo paradossale perché ci si vuole distinguere dalla massa "marchiando" se stessi per essere unici, ma così facendo si finisce per fare proprio quello che fanno tutti.

Ma che significato ha il tatuaggio per il preadolescente?

Nella preadolescenza (tra gli 11 e i 14 anni), si ha il più veloce mutamento del corpo di tutta la vita e spesso, di fronte a un corpo che cambia così velocemente, ci si sente estranei, confusi, incerti circa il proprio aspetto e soprattutto indeterminati.

Da qui l'attenzione talvolta eccessiva che sia i maschi che le femmine di questa età hanno per il proprio aspetto fisico: c'è chi non si sente troppo in sintonia con il proprio corpo, chi lo rifiuta, chi impara faticosamente a conviverci, chi proprio non si piace così com'è, chi sogna di abitare un altro corpo, chi vuole modificare quello che ha, chi, pur di sentirlo suo, vuole caratterizzarlo imprimendovi il proprio marchio con un tatuaggio.

Il tatuaggio sempre più diffuso e richiesto dai preadolescenti può diventare allora un modo per "riappropriarsi" del proprio corpo in un momento di grossi cambiamenti. Può rappresentare il tentativo di esercitare una forma di controllo sul proprio corpo in un momento in cui si sente di non controllarlo affatto.

È probabile allora che il tatuarsi, lo scrivere qualcosa in modo indelebile sulla propria pelle, serva a rafforzare la propria identità ancora in costruzione, a raccontare, prima a sé stessi e poi agli altri, chi siamo. Da questo punto di vista, la richiesta dei ragazzi di tatuarsi potrebbe sembrare se non proprio legittima, almeno motivata.

Altrettanto legittime appaiono però le motivazioni dei genitori che sostengono a oltranza il fronte del NO. Le preoccupazioni dei genitori non si limitano infatti alla considerazione che il corpo del loro figlio/a stia per essere deturpato in modo permanente, ma si estendono alla preoccupazione di eventuali reazioni allergiche, alla possibilità di granulomi cutanei, di contrarre l'epatite B e quant'altro.

Due visioni diverse che non possono conciliarsi se non attraverso un confronto aperto.

SCHEDA OPERATIVA

## I PUNTI DI VISTA

*Capisci le ragioni di Ale? Se le condividi, puoi spiegarne il perché?*

..............................................................................................................................................

..............................................................................................................................................

*Capisci le ragioni dei genitori? Sono in qualche modo condivisibili?*

..............................................................................................................................................

..............................................................................................................................................

*Pensi che i genitori abbiano capito le motivazioni che spingono Ale a desiderare tanto un tatuaggio? Che siano a conoscenza del malessere che nasconde la sua richiesta?*

..............................................................................................................................................

..............................................................................................................................................

*Nella scheda di approfondimento* Il tatuaggio nella preadolescenza, *hai letto che comprendersi significa sintonizzarsi con l'altro per capire le sue ragioni. Pensi che Ale avrebbe dovuto spiegare ai suoi che il tatuaggio non era per lui il capriccio di un momento ma un bisogno per stare meglio nella propria pelle? Perché?*

..............................................................................................................................................

..............................................................................................................................................

*Pensi che i genitori siano riusciti a far capire ad Ale il loro punto di vista, le loro reali preoccupazioni?*

..............................................................................................................................................

..............................................................................................................................................

*Spesso pretendiamo, soprattutto da chi ci sta vicino, di essere "capiti al volo", non spieghiamo quello che veramente sentiamo, presupponiamo che l'altro ci conosca così bene che non può non capire. Questo alimenta incomprensioni. Racconta la tua esperienza.*

## DISCUTINE CON L'INSEGNANTE

*Uno spot televisivo di qualche tempo fa rende provocatoriamente complici madre e figlia per un tatuaggio. La ragazza, intuiamo sia minorenne visto che la madre va a prenderla a scuola, abbassandosi in macchina, mostra inavvertitamente alla madre il suo piccolo tatuaggio sul fondo schiena. La mamma le dice: "Che cosa ti è venuto in mente!" A questo punto ci aspetteremmo un rimprovero, lo spot va avanti e la giovane signora in effetti rimprovera la figlia ma non per essersi tatuata senza il suo consenso, ma per non aver scelto un tatuaggio bello come il suo: "Questo è un tatuaggio" le dice soddisfatta mentre mette in bella mostra il suo fondo schiena.*

*Vai al seguente indirizzo http://www.youtube.com/watch?v=TrOEnrKcsV4*

*Vedi lo spot e poi discutine con l'insegnante e col gruppo classe.*

## LA PAROLA A CHI SCRIVE PER MESTIERE

*Ne **L'uomo illustrato** che dà il titolo alla sua raccolta di racconti, l'autore Ray Bradbury narra la storia di un misterioso personaggio con il corpo completamente tatuato con illustrazioni che prendono vita. Leggi il prologo a pag. 160.*

# Io: la pietra dello scandalo!

Caro diario,

sto attraversando un brutto periodo, ho continui sbalzi di umore, lo so! Ma il fatto è che ho mille pensieri per la testa e spesso non so neanche io cosa voglio, non riesco a capirmi. Come se non bastasse ci si mettono anche i miei, soprattutto mia madre! Vuole avere sempre ragione e non pensa che anch'io ho una testa per pensare. Forse è spaventata perché si accorge che sto cambiando e non riconosce più il suo bambino, forse pensa di far bene, pensa che la linea dura mi serva per "darmi una regolata", ma non è così!

Non le va bene niente, controbatte ogni cosa che dico. Così io urlo e le sbatto in faccia tutta la mia rabbia. Poi però ci sto male! So che a volte anch'io sono esagerato, ma che ci posso fare? È più forte di me! Se qualcuno mi impone le cose, reagisco!

La cosa che ora mi preoccupa è che mia madre sta iniziando a litigare anche con mio padre. Non era mai successo prima, ma ora sembra proprio che non trovino un accordo su come io "vada educato". Un esempio? Mio padre, che è più permissivo, mi permette di ritornare più tardi anche se il giorno dopo devo andare a scuola perché pensa che io debba, così come dice lui "imparare a autogestirmi". Mia madre si arrabbia perché pensa che a tredici anni non si è in grado di cavarsela da soli e che spetta ai genitori dare delle precise regole per evitare che il figlio "si perda".

Urlano, urlano, e a nulla vale seppellirmi in camera. Ma non mi smontano! Più loro urlano, più la mia rabbia sale! Io non so che cosa sia meglio per me: precise regole da rispettare o una "libertà vigilata" come i carcerati. Sono confuso e triste!

Anche adesso che sono a letto, li sento litigare in cucina. Io però non voglio sentire più niente! Messo su le cuffie!

EVVAI Jovanotti: Il più grande spettacolo dopo il BIG BANG!

Elisa, penso a te, oggi per la prima volta mentre tornavamo a casa da scuola ci siamo presi per mano... Avrei voluto che la strada non finisse mai, sarei stato delle ore a camminare, e poi, quando ci siamo salutati, ti ho guardata e... mi sono perso! A domani Elisa, meno male che ci sei!

Alzo il volume.

Il testo è bellissimo:

IL PIÙ GRANDE SPETTACOLO DOPO IL BIG BANG SIAMO NOI, IO E TE! VOLEVO DIRTELO, PRIMA DI ANDARTENE DEVI SAPERE CHE IL PIU' GRANDE SPETTACOLO DOPO IL BIG BANG SIAMO NOI, IO E TE! ALTRO CHE IL LUNA PARK, ALTRO CHE IL CINEMA, ALTRO CHE INTERNET, IL PIU' GRANDE SPETTACOLO DOPO IL BIG BANG SIAMO NOI, IO E TE!

IO E TE CHE CI ABBRACCIAMO FORTE, IO E TE CHE ABBIAMO FATTO UN SOGNO CHE VOLAVAMO INSIEME, IO E TE, IO E TE! IO E TE! ALTRO CHE MUSICA, ALTRO CHE IL COLOSSEO ALTRO CHE EXSTASI, ALTRO CHE LADY GAGA, ALTRO CHE LE ASTRONAVI, ALTRO CHE LA TV. È BELLO VIVERE ANCHE SE SI STA MALE, VOLEVO DIRTELO PERCHÉ CE L'HO NEL CUORE, SON SICURISSIMO AMOREEEEEEEEEEE

È bello vivere anche se si sta male! Grande Jovanotti!

Paolo

SCHEDA di APPROFONDIMENTO

## IL DISACCORDO

*Paolo si sente in colpa e soffre perché i suoi genitori litigano per colpa sua. Il rapporto con la madre è complicato, i litigi sono quotidiani e coinvolgono tutti i membri della famiglia. Ma perché è così difficile trovare un accordo, è così difficile capirsi?*

Il disaccordo fa parte della nostra vita, appartiene alla nostra quotidianità. È normale avere punti di vista diversi: siamo diversi. Ognuno di noi vede le cose attraverso le "sue lenti", dal suo punto di vista, che non è quello dell'altro. Ciò può creare disaccordo e questo, se non è ben controllato, si può trasformare in conflitto. Ognuno, dal suo punto di vista, pensa di avere ragione e pensa che la sua verità sia la Verità. Se non smantelliamo questa convinzione ci sarà difficile capire le ragioni degli altri, accettare le diversità di idee, di opinioni, insomma accettare un modo diverso di vedere il mondo. Anche perché vivere insieme comporta la capacità di gestire il disaccordo e evitare il conflitto. Possiamo imparare a rispettare le idee degli altri pur sostenendo contemporaneamente le nostre in un'ottica di confronto piuttosto che di scontro.

È facile andare d'accordo con chi ci assomiglia e, in qualche modo, condivide la nostra visione del mondo, le nostre idee. La sfida che dobbiamo affrontare, che sicuramente potrà esserci utile nella vita, è quella di **accettare la diversità** perché essa non rappresenta un **limite** ma una **risorsa**.

Chi non la pensa come noi (oggi può essere un genitore, domani una qualsiasi altra persona), ci dà la possibilità di vedere le cose da un altro punto di vista, in un altro modo che non avevamo considerato. È insomma un'opportunità!

Spesso invece, per imporre il nostro punto di vista, alziamo la voce e urliamo, come se questo fosse sufficiente per accreditarsi il diritto di aver ragione. Oppure abbandoniamo il discorso: "non la pensi come me e quindi con te non posso parlare, perché non mi capiresti".

Imparare a gestire il conflitto è importante. Il conflitto può essere un'occasione per conoscere meglio anche le proprie emozioni, per riflettere su ciò che sentiamo, per indagare sui perché della rabbia, su cosa proviamo quando ci sentiamo non compresi. Gli esperti ritengono che il conflitto, se ben gestito, può essere una importante occasione di crescita per tutti.

Siamo abituati a pensare che quando si litiga c'è chi vince e c'è chi perde, invece, quando non si trova un accordo, **perdono tutti**, e anche chi è riuscito a imporre la propria idea è alla fine perdente proprio perché l'ha imposta.

SCHEDA OPERATIVA

## LETTERA APERTA ALLA REDAZIONE

*Abbiamo visto che andare d'accordo è molto difficile. Per cercare di capirsi meglio e evitare conflitti può essere utile* mettersi nei panni dell'altro, *perché solo se si assume un punto di vista diverso dal proprio, se ci si mette "dall'altra parte", si vedono le cose da una prospettiva diversa. È questo che ci rende disponibili a trovare un accordo. Impariamo così a sviluppare la nostra "intelligenza interpersonale" cioè la capacità di poter stare bene con noi stessi e con gli altri. Capacità che ci sarà di grosso aiuto e migliorerà le nostre relazioni con gli altri: oggi nei banchi di scuola con i compagni e i docenti, domani nella nostra futura vita familiare o lavorativa.*

1. Leggi che cosa pensa la mamma di suo figlio Paolo:
- non riesco a capirlo più
- è cambiato: prima era socievole, comunicativo, ora è sempre di cattivo umore e chiuso in se stesso
- è polemico, non gli sta mai bene nulla, in casa dobbiamo stare attenti a come parliamo perché si arrabbia per un nonnulla
- nella nostra casa c'è sempre stata armonia, ora per colpa sua sembra un inferno
- non ci meritiamo un comportamento così, abbiamo fatto tanti sacrifici
- fa continue richieste, vuole tornare tardi la sera e non si rende conto che ha solo tredici anni
- si isola, si chiude in camera e ci lascia fuori dal suo mondo

2. Leggi cosa pensa Paolo dei suoi:
- non capiscono niente di me
- non sono più un bambino, ma continuano a trattarmi come se lo fossi
- le loro assurde regole mi mandano in bestia. Perché dovrei rispettarle? Solo perché lo dicono loro?
- odio quando mia madre dice: "Si fa così e basta!" Se qualcuno lo dicesse a lei, che cosa farebbe? Io penso che si ribellerebbe!
- non possono lamentarsi, ho la media dell'otto e, anche se torno a casa alle undici, in classe non dormo!
- dicono che urlano e litigano per colpa mia e questo mi fa arrabbiare e mi ferisce
- quando poi mi dicono: "Sei cambiato! Con te non si può più parlare!" l'unica cosa che posso fare è barricarmi in camera mia

Utilizza le informazioni che hai per scrivere, a nome di Paolo, una lettera alla redazione della rivista per chiedere all'esperto suggerimenti su come fare per risolvere il problema del difficile rapporto con i suoi genitori, soprattutto con sua madre.

## DISCUTINE CON L'INSEGNANTE

*Paul Watzlawick e Gregory Bateson, studiosi americani che si sono occupati molto della comunicazione, parlano di* corresponsabilità *nella comunicazione: ritengono cioè che se due persone interagiscono, la responsabilità della comunicazione, il successo o l'insuccesso, si debba attribuire ad entrambe. Il concetto di corresponsabilità sta a indicare proprio che nessuno può arrogarsi il diritto di dire:* "Ho ragione io!" *perché la ragione, così come il torto, è sempre da entrambe le parti. Dove c'è interazione, c'è sempre corresponsabilità perché all'azione dell'uno corrisponde la reazione dell'altro, che susciterà a sua volta una ulteriore reazione e così via in un processo che è circolare.*

*Discutine con l'insegnante ed esponi il tuo punto di vista: sei d'accordo o no? Sei disposto a prenderti la tua parte di "colpa" o solitamente l'attribuisci all'altro?*

## LA PAROLA A CHI SCRIVE PER MESTIERE

*Nel suo diario Paolo affronta due temi complessi: il rapporto conflittuale con i genitori e la sua prima esperienza di innamoramento.*

*Il brano che ti proponiamo di Natalia Ginzburg parla della difficoltà di rapporto che il preadolescente ha con i genitori.*

*Il secondo contributo è tratto da un famoso romanzo,* "Bianca come il latte rossa come il sangue", *di Alessandro D'Avenia: il protagonista è perdutamente innamorato della sua Beatrice, anche se lei non lo sa.*

***I rapporti umani*** da "Le piccole virtù" *di Natalia Ginzburg, pag. 165.*

**Bianca come il latte rossa come il sangue** *di Alessandro D'Avenia, pag. 168.*

## PER SAPERNE DI PIÙ

*Vai su YouTube e cerca:* ***Alessandro D'Avenia- il 1° capitolo di "Bianca come il latte rossa come il sangue"****, ascolterai l'autore leggere ai suoi alunni il primo capitolo del suo libro.*

*Cerca inoltre sempre su YouTube:* ***"Il poeta - una storia d'amore"****. Il corto, presentato al festival del cinema per ragazzi di Giffoni, ha come protagonisti i ragazzi di una scuola secondaria di primo grado. Racconta la storia di Paolo, un ragazzo semplice: niente FB, niente abiti firmati... che è deriso dai compagni. Ma Paolo saprà far innamorare la sua "Beatrice" proprio grazie alla lettura del V canto della Divina Commedia.*

# I genitori: questi sconosciuti!

Caro diario,

oggi come al solito ho litigato con mia madre. Stavolta ha proprio esagerato. Ora ti racconto come è andata: le ho detto che dovevo andare a studiare a casa di un mio amico, Mario. Lei ha voluto sapere subito chi fosse e io per evitare che qualcun altro glielo dicesse, le ho confessato che è un mio compagno di classe ripetente, le ho detto anche che è stato sospeso un paio di volte per il suo comportamento e che per evitare un'altra bocciatura, avevamo pensato, con il prof di lettere, di aiutarlo nelle varie materie.

Proprio stamattina, approfittando dell'assenza di Mario, in classe è venuto fuori che quella sua arroganza, quel suo violare le regole, è un modo per sentirsi al centro dell'attenzione, un modo per essere preso in considerazione. Il prof ci ha parlato anche di un certo Eric Berne, studioso che sostiene che tutti abbiamo bisogno di "carezze". Be'... non si tratta di carezze vere e proprie, cioè di carezze fisiche, quanto piuttosto di attenzioni.

Il prof, senza entrare nei particolari, ci ha detto che Mario ha una situazione familiare difficile, perciò sta sempre con la testa altrove, vive nel suo mondo e sembra che niente possa sconvolgerlo, poi all'improvviso, per un nonnulla esplode. Col prof abbiamo riflettuto sul fatto che nelle relazioni interpersonali, in casi come questo, è facile cadere in quello che lui ha chiamato circolo vizioso: se ho ben capito, più Mario si sente rifiutato da noi, più insiste nei suoi comportamenti sbagliati pur di avere la nostra "attenzione" e noi, proprio perché lui si comporta male, facciamo comunella tra noi e lo isoliamo, così lui sentendosi messo da parte, per reazione, fa ancora peggio e combina guai. È strano, avevamo iniziato la discussione lamentandoci col prof dei comportamenti di Mario e alla fine eravamo lì a chiederci che cosa potevamo fare per aiutarlo. Come potevamo rompere, per dirla con le parole del prof, quel circolo vizioso. Sono venute fuori un po' di idee, compresa quella di dargli una mano nei compiti. Io mi sono offerta per la matematica.

Insomma, avrei voluto spiegare a mia madre tutto questo, ma non è stato possibile. Non le ho neanche detto che oggi è stata per me una giornata speciale perché penso di aver capito cose importanti. Lei invece, dopo aver sentito che è stato sospeso un paio di volte subito ha iniziato a martellarmi. Mi ha detto:

– Non sono sicura che questo ragazzo sia per te una buona amicizia, potrebbe costringerti con l'inganno a fare cose che tu non faresti mai. È pericoloso, hai dodici anni, devi crescere e imparare ancora tante cose, non mi sembra proprio il caso che tu vada a casa sua.

Io le ho risposto che lui ha bisogno d'aiuto, ma lei ha continuato:

– Come al solito tu confondi i problemi, comunque non se ne parla! Tu non vai e basta!

– Tu non capisci niente! – le ho gridato

– Sei tu che non capisci! Comunque: non vai! – mi ha risposto.

Ecco! Così ha concluso! Dialogare con i genitori! Ma come?

Mi sento offesa, lei mi considera una ragazza senza personalità, non si fida di me, prima mi ha insegnato a essere amica di tutti senza farmi condizionare e ora mi sta dimostrando il contrario, ha dei pregiudizi su Mario e questo non lo sopporto.

Ora vado a dormire, domani mi aspetta un'intensa giornata di lavoro con Mario e immagino, un'intensa litigata con mia madre!

MARA

**SCHEDA di APPROFONDIMENTO**

## LA FAME DI CAREZZE

*Abbiamo visto che nelle relazioni interpersonali talvolta si finisce in un* ***circolo vizioso****: Mario è aggressivo e i compagni, spaventati, lo allontanano; lui, per reazione, è ancora più aggressivo e questo allontana ancora di più i compagni. Mara è arrabbiata con la madre e l'accusa di non capire niente, la madre per reazione le muove le stesse accuse. Risultato: la comunicazione si interrompe! Ogni tentativo di "capirsi" è inutile. Conoscere come funzionano le* transazioni, *cioè gli scambi comunicativi tra gli individui, ci aiuta perché ci dà gli strumenti per interrompere i circoli viziosi nei quali incorriamo spesso nelle nostre relazioni con gli altri.*

*Esamineremo in questa scheda un aspetto molto importante nelle relazioni: la fame di carezze. E parleremo anche di un altro argomento che è legato alla fame di carezze: le manovre difensive che mettiamo in atto sempre quando ci sentiamo attaccati.*
*Partiamo dalla fame di carezze e dall'accostamento di queste due parole: la fame è un sintomo fondamentale per la nostra sopravvivenza fisica, e le carezze, gli apprezzamenti degli altri, sono altrettanto necessari per la nostra sopravvivenza psichica cioè per la nostra vita interiore.*

L'analisi transazionale (analisi appunto delle transazioni, degli scambi comunicativi), ci aiuterà a capire come funzionano le relazioni tra le persone. Tutti hanno bisogno di essere "riconosciuti, apprezzati" dagli altri.

**Eric Berne**, psicologo canadese, ha elaborato verso la fine degli anni '50 una famosa teoria: appunto l'analisi transazionale. Uno dei concetti fondamentali è l'**essere OK**.

Berne sostiene che noi, tutti noi, siamo persone uniche e preziose, siamo OK e pertanto degne di essere amate. Le persone non hanno bisogno solo di nutrirsi, di vestirsi, di stare bene in salute, hanno anche e soprattutto bisogno di **stare bene con se stesse e con gli altri.**

Berne ritiene che per la sopravvivenza dell'organismo umano la *fame di riconoscimento*, cioè di essere riconosciuti dagli altri come persone, ha la stessa importanza della fame di cibo.

Tutti, bambini e adulti, quando interagiscono con gli altri si scambiano *carezze, positive o negative: (esempio: "Che bella maglietta hai!", oppure: "Non sai proprio leggere!").*

Ogni essere umano preferisce uno stimolo negativo all'assenza di stimoli. La cosa che ci fa soffrire di più è l'essere ignorati perché equivale al "non esisti!" In assenza di carezze positive (un sorriso o un "sei stato bravo"), il bambino cerca carezze negative, si comporta male pur di soddisfare la sua **fame di stimoli.**

Chi viene ignorato, pur di avere riconoscimento, si comporterà in modo aggressivo o dispettoso in modo da ricevere *almeno* una punizione, una carezza negativa. Meglio un rimprovero: "Sei cattivo" o "Guarda cosa hai combinato" o ancora "Con te non c'è proprio niente da fare" che non essere presi proprio in considerazione.

Tutti sentiamo il bisogno di essere approvati, non possiamo fare a meno delle *carezze* altrui. Abbiamo bisogno di essere riconosciuti dagli altri: io esisto!

L'assunto fondamentale dell'Analisi Transazionale è che c'è sempre del buono in ogni persona, indipendentemente dal suo comportamento. Sono le azioni che noi reputiamo buone o cattive e non le persone. Se ad esempio tratto male un amico, ciò non vuol dire che *sono* una persona cattiva, ma che *ho fatto* un'azione cattiva. C'è una grande differenza tra credere di *essere* una cattiva persona e credere di *aver fatto* qualcosa di sbagliato.

Per l'Analisi Transazionale anche se abbiamo modi di pensare e di comportarci diversi dobbiamo avere dentro di noi questo valore di **rispetto di noi stessi e dell'altro in quanto persona.** Quindi tutti abbiamo il diritto di esprimere quello che proviamo, che sentiamo, che pensiamo.

Possiamo anche sbagliare, ma questo non significa non poter più tornare indietro, significa che possiamo imparare da ciò che non ci piace di noi: imparare dai nostri errori. Se ritengo di essermi comportato male posso tranquillamente non comportarmi più in quel modo, se tratto male una persona posso chiederle scusa. È una parola così piccola ma ha un effetto eccezionale!

di Simona Giuntini, *Counselor ad orientamento Analitico Transazionale in campo aziendale, clinico e psicopedagogico.*

Riflettiamo ora su un altro aspetto che è emerso dal diario di Mara: l'incomunicabilità tra la madre e Mara.

Quando discutiamo accanitamente con un altro, siamo così concentrati nel difendere le nostre convinzioni che, invece di ascoltare quello che l'altro ci dice, siamo pre-occupati, cioè occupati prima e innanzitutto a **difendere il nostro punto di vista**, quello che pensiamo, sostanzialmente noi stessi!

L'altro parla, ma il nostro pensiero corre già alla ricerca delle parole giuste con le quali dobbiamo ribattere, alla ricerca degli argomenti più convincenti (perché alla fine dobbiamo vincere noi), e difficilmente siamo disposti a capire davvero il punto di vista del nostro interlocutore e a prestargli un *ascolto attivo*[1].

Quando ci sentiamo attaccati, perché qualcuno ci rimprovera o semplicemente non è d'accordo con noi, attiviamo quelle che gli esperti chiamano *manovre difensive* cioè ci difendiamo con tutte le nostre forze dall'attacco, vero o presunto che sia, e finiamo nel vortice dell'incomprensione e del litigio. È quello che è accaduto a Mara e alla madre. Quando ciò avviene, il rapporto va a rotoli, non vince nessuno anzi perdono tutti, rimane solo l'amarezza e il risentimento.

Molti litigi sono dovuti al mancato ascolto reciproco. Quando c'è un'incomprensione la cosa più semplice è dare all'altro la colpa: "Tu non mi capisci!" Ovviamente l'altro pensa esattamente la stessa cosa. Ciascuno pensa di essere nel giusto, anzi pensa, a sua volta, di aver ricevuto un torto. Così, per difendersi dall'attacco, attacca. Quando questo avviene non si può più parlare con calma e si finisce per urlare perché è l'unico modo per farsi sentire.

Cosa è possibile fare?

- Innanzitutto capire quello che ci sta accadendo: siamo in momento di blackout, siamo senza la "corrente della comprensione reciproca" per cui non conviene più discutere.
- Far sbollire la rabbia e prendersi un po' di tempo per ragionarci a freddo. Questo è un buon sistema per creare le premesse per riprendere in seguito e con più calma la discussione. I greci consigliavano l'*epoché*, cioè sospendere momentaneamente il giudizio su quello che è accaduto per prendere tempo.
- Quando la rabbia è sfumata e siamo più ben disposti a ascoltare l'altro, è possibile con calma chiarire il nostro punto di vista, spiegare le nostre ragioni e tentare di capire le ragioni dell'altro.

**Ascolto attivo**[1] È l'ascolto non solo delle parole, ma anche degli stati emozionali che le accompagnano, che si esprimono attraverso il linguaggio non verbale, e che rivelano i reali bisogni di una persona, ciò che l'altro "realmente sente".

SCHEDA OPERATIVA

## E TU DA CHE PARTE STAI?

*Riporta in elenco, le argomentazioni di Mara e quelle della madre.*

| *Mara sostiene che...* | *La madre sostiene che...* |
|---|---|
| ........................................ | ........................................ |
| ........................................ | ........................................ |
| ........................................ | ........................................ |
| ........................................ | ........................................ |
| ........................................ | ........................................ |
| ........................................ | ........................................ |
| ........................................ | ........................................ |

Ritieni che le due posizioni siano inconciliabili? Perché?

..............................................................................................................

..............................................................................................................

Alla luce della scheda di approfondimento "Fame di carezze", che cosa potresti suggerire a Mara? Come potrebbe far capire alla madre che è per lei importante aiutare Mario?

..............................................................................................................

..............................................................................................................

Mettiti ora nei panni della madre di Mara: come potrebbe far capire alla figlia le sue legittime preoccupazioni di madre?

..............................................................................................................

..............................................................................................................

Nel corso di un litigio, con i tuoi genitori o con qualche amico, ti è mai capitato di avere la sensazione che l'altro non ti ascolti? Che stia solo pensando a cosa controbattere senza prestare ascolto alle tue parole, senza tener conto delle tue emozioni? Come ti sei sentito?

..............................................................................................................

..............................................................................................................

## DISCUTINE CON L'INSEGNANTE

*Un antico aforisma orientale ci fa riflettere sulla differenza tra il parlare e l'ascoltare:*

"Parlare è un mezzo per esprimere se stessi agli altri, ascoltare è un mezzo per accogliere gli altri in se stessi."

***Talete***, filosofo greco del 624 a.C., afferma: *Gli Dei hanno dato agli uomini due orecchie e una bocca, per poter ascoltare il doppio e parlare la metà.*
Ascoltare il doppio e parlare la metà sembra proprio impossibile, soprattutto oggi, visto che l'uomo moderno sembra temere il silenzio.

***Plutarco***, scrittore e filosofo greco nato intorno al 45 d.C., ne "L'arte di ascoltare", sostiene che: *La perdita della capacità di ascoltare è figlia della perdita della dimensione del silenzio.* L'affermazione di Plutarco, di estrema attualità, relaziona l'incapacità di ascoltare all'incapacità di stare in silenzio. L'uomo moderno ha paura del silenzio. Siamo quotidianamente sommersi da un fiume di parole, anche i dibattiti televisivi propongono un disordinato e spesso incomprensibile balletto di parole. Nessuno sa ascoltare più. Nella società dell'apparire, il silenzio imbarazza, fa sentire inappropriati, c'è sempre il bisogno di parlare per riempire i vuoti, per dimostrare che "ci sono anch'io e dico delle cose!" Il silenzio è saper ascoltare prima e innanzitutto se stessi e le proprie emozioni, condizione indispensabile per saper poi ascoltare gli altri.

Come hai potuto vedere, sin dall'antichità scrittori e filosofi, in oriente e in occidente, si sono interrogati sulla capacità dell'uomo di saper ascoltare. E tu cosa ne pensi? Riesci a stare in silenzio con un tuo amico intimo senza aver paura che lui pensi che non hai nulla da dire? Pensi che il silenzio sia imbarazzante? Ti sei mai lasciato prendere dalla furia del momento tanto da non prestare proprio più ascolto alle parole dell'altro? Pensi che il silenzio sia un ingrediente fondamentale per costruire relazioni efficaci? Avevi mai riflettuto sul valore del silenzio? Pensi sia importante imparare a praticare l'ascolto attivo che ci permette di comprendere non solo le parole dell'altro, ma anche le emozioni che le accompagnano? Discutine con l'insegnate e con i compagni.

## LA PAROLA A CHI SCRIVE PER MESTIERE

*Leggi lo stralcio tratto dal romanzo di Antonella Sacco, **Un evento memorabile**, che troverai a pag. 172. Quello a cui vuole partecipare Francesca, la protagonista del romanzo, è proprio un evento memorabile: una marcia per la pace. Ma per farlo deve convincere la madre che la considera ancora troppo piccola. Il confronto non è sempre facile o indolore, i punti di vista sono diversi e sembrano inconciliabili, ma se crediamo in qualcosa veramente, prima o poi riusciremo a portare avanti la nostra idea. E Francesca c'è riuscita.*

## PER SAPERNE DI PIÙ

*Guarda su YouTube il video che riporta il discorso del Mahatma Gandhi sulla rabbia, lo troverai cercando: **Perché le persone gridano quando sono arrabbiate? – MahatmaGandhi.** "Le persone che si amano" dice Gandhi, "sussurrano perché i loro cuori sono vicini, quelle che sono arrabbiate gridano per farsi ascoltare perché i loro cuori sono lontani".*

# Non sono più una bambina!

Caro diario,

oggi papà mi ha fatto proprio arrabbiare. Io di sicuro quando sarò grande non mi comporterò mai come lui. Sai cosa ha fatto? È venuto a scuola a lamentarsi con la prof perché ci assegna troppi compiti!

Ti racconto! Ieri è stata una giornata *tostissima*, tutto il pomeriggio a studiare... Dopo cena corro in camera, sento papà che mi urla dietro: "**La tavola l'hai sparecchiata?**" Dalle scale rispondo: "Non sparecchio, devo fare ancora storia!" Lui viene su in camera e mi dice che mi avrebbe giustificata. Immagini? Io contentissima subito ho detto: "Va bene!"

Stamattina Marina, la mia compagna di banco, al ritorno dal bagno, mi ha detto: "Ho visto tuo padre nel corridoio che parlava con la nostra prof di lettere, ho sentito che le diceva che i professori devono mettersi un po' d'accordo e non devono assegnare tanti compiti!"

Io sono rimasta di stucco. Penso di essere sbiancata, poi di essere diventata viola per la rabbia e poi ancora verde per la bile! Tant'è che la prof mi ha detto: "Giovanna tutto a posto? Stai bene?"

"Bene, bene" le ho risposto. Col cavolo bene! Che figuraccia con la prof! Che cosa avrebbe pensato di me? Che sono una poppante che chiede l'aiuto del padre? Che non ho il coraggio di dire apertamente quello che penso? E io che cosa le avrei risposto? Fortunatamente o sfortunatamente non lo so, lei non ha detto niente e io sono tornata a casa che vomitavo bile. GRRRRRRRRRRRRRRRRR!

Abbiamo litigato!!! **Gli** ho detto che mi fa sentire una bambina! E lui ha avuto il coraggio di dirmi che lo aveva fatto per il mio bene, che non c'era nulla di strano e che era un suo diritto, anzi dovere interessarsi dell'andamento scolastico (ha detto proprio così) di sua figlia così come del carico di compiti. Mi ha detto che è assurdo che a ora di cena io **sto** ancora sui libri e che devo gestire meglio il mio tempo.

Ma chi gli ha chiesto niente! Perché prima si è offerto di giustificarmi e poi si lamenta? Non sono più una bambina che ha bisogno del padre che la difende! So vedermela da me! **Ha fatto di nuovo di testa sua, come con Martina, allora ci sono cascata, ora non ci casco più!** Chi gli dà il diritto di interpretare quello che è meglio per me? Non ho anch'io una testa per pensare? "Lo faccio per il tuo bene!". Ma come fa lui a sapere qual è il mio bene?

Mi sento una stupida, non so se riuscirò mai a fargli capire che il suo aiuto non lo voglio, non mi serve e mi fa stare male!

Ti lascio, mi sono sfogata abbastanza.

*Giovanna*

SCHEDA di APPROFONDIMENTO

### IL DIARIO: UNO SCRITTO CHE SA DI ORALE

*Nel diario di Giovanna, come hai potuto notare, ci sono alcune parole in grassetto. Se le stesse cose Giovanna le avesse scritte in un compito in classe, sicuramente sarebbero state segnalate dall'insegnante come errore. Ma il diario è una scrittura personale e quando si scrive per se stessi, si sa, le convenzioni sintattiche possono essere tralasciate.*

Inoltre questo tipo di testo ha uno scopo prevalentemente emotivo: chi scrive vuole tirare fuori le proprie emozioni, descrivere il proprio stato d'animo; da questo punto di vista scrivere un diario è **un atto anche liberatorio.** In un diario possiamo non solo scrivere quello che vogliamo e come vogliamo, ma possiamo anche utilizzare abbreviazioni, slang, neologismi, tutti gli UFFA e i GRRRRRRRRRR che vogliamo, appiccicare le foto, i ritagli di giornale che ci piacciono e tutti i punti esclamativi o interrogativi che vogliamo. Insomma possiamo scrivere in piena libertà.

L'uso esagerato della punteggiatura, tipico del diario, ha infatti, una *funzione enfatica*, cioè esagera (enfatizza) le emozioni di chi scrive. Inoltre quando si scrive per se stessi è possibile tralasciare una serie di informazioni che invece dobbiamo esplicitare se il testo è destinato ad altri. Ad esempio, l'espressione di Giovanna: "*Ha fatto di nuovo di testa sua, come con Martina, allora ci sono cascata, ora non ci casco più!*" ci risulta di difficile comprensione proprio perché chi scrive allude a qualche evento precedente di cui evidentemente si è già parlato o meglio, nel nostro caso, scritto.

Scrivere una pagina di diario è un **parlare con se stessi** e non solo metaforicamente nel senso che questo tipo di scrittura ricalca proprio il parlato spontaneo, quello che facciamo con gli amici, in famiglia o in situazioni di estrema informalità.

Se esaminiamo più attentamente la struttura linguistica del diario di Giovanna, notiamo che è molto simile al parlato:

- Uso del pronome senza referente: ***Gli*** *ho detto che mi fa sentire una bambina.*
- Uso dell'indicativo piuttosto che del congiuntivo: *Mi ha detto che è assurdo che a ora di cena io* ***sto*** *ancora sui libri.*
- Uso della "dislocazione a sinistra" che è tipica del parlato e che serve per mettere bene a fuoco l'elemento centrale del discorso: " La tavola *l'hai sparecchiata?*" Qui l'elemento centrale è *la tavola*, che è messa all'inizio della frase, appunto a sinistra e poi ripresa con un pronome *l'hai.*

Ma perché è così importante fare queste riflessioni?

Perché capire queste differenze ci permette di adeguare il nostro registro linguistico alle varie situazioni comunicative. Quando scriviamo per gli altri, anche per il nostro professore che casomai ci ha commissionato come compito proprio una pagina di diario, dobbiamo tener conto del fatto che il **vero destinatario** del nostro scritto non siamo noi ma è un'altra persona, nello specifico il nostro professore. Insomma scrivere per gli altri, anche se la tipologia dello scritto è personale, comporta sempre e comunque un più attento controllo delle strutture sintattiche e ortografiche.

**SCHEDA OPERATIVA**

### LETTERA APERTA ALLA REDAZIONE

*Individua i punti fondamentali di disaccordo tra Giovanna e il padre. Da un lato c'è il bisogno del padre di proteggere la figlia, dall'altro il desiderio di Giovanna di autonomia. Perché il padre continua a proteggere la figlia offrendole un aiuto che lei non gli ha richiesto?*
*(Cerca di capire il perché mettendoti nei suoi panni).*

..........................................................................................

..........................................................................................

..........................................................................................

*Perché la figlia si sente umiliata e nutre un profondo risentimento nei confronti del padre?*
*(Cerca di capire il perché mettendoti nei suoi panni).*

..........................................................................................

..........................................................................................

*Ritieni che le ragioni di Giovanna e del padre siano entrambe valide? Perché?*

..............................................................................................................................

..............................................................................................................................

*Che cosa potresti suggerire a Giovanna? Come potrebbe far capire al padre che sta crescendo e che desidera essere autonoma nelle scelte che la riguardano e non desidera intromissioni?*

..............................................................................................................................

..............................................................................................................................

*Che cosa potresti suggerire al padre? Come potrebbe far capire alla figlia che ha agito in buona fede e che voleva solo aiutarla?*

..............................................................................................................................

..............................................................................................................................

*Litigare è spesso una battaglia, ci si aspetta che qualcuno vinca e qualcun altro perda, spesso però anche chi vince rimane con l'amaro in bocca. Ti è mai capitato? Racconta sul quaderno.*

Utilizza ora le informazioni contenute nella pagina di diario di Giovanna per scrivere una lettera a suo nome alla redazione della rivista, per chiedere a un esperto suggerimenti su come gestire il rapporto con un padre eccessivamente "protettivo". Nel trasformare la pagina di diario in una lettera aperta, tieni conto degli scopi: comunicare un tuo malessere, ricercare, con l'aiuto dell'esperto, possibili soluzioni, offrire agli altri, agli eventuali lettori, la possibilità di riconoscersi in quello che scrivi per socializzare vissuti simili.

### PROCEDI IN QUESTO MODO:

- Elimina dalla pagina di diario le informazioni che ti sembrano superflue: una cosa è scrivere per se stessi, un'altra è scrivere per eventuali lettori.
- Presentati e spiega già in apertura lo scopo della tua lettera in modo da dare a chi legge la possibilità di capire subito di che cosa si tratti.
- Utilizza un linguaggio non eccessivamente controllato in quanto trattando argomenti legati ai tuoi vissuti e alle emozioni che l'accompagnano, puoi anche usare un tono più colloquiale. Evita comunque le espressioni gergali.

## DISCUTINE CON L'INSEGNANTE

*C'è chi pensa che ammettere i propri errori sia un segno di debolezza e chi invece pensa sia un segno di forza. Tu cosa ne pensi? Discutine con l'insegnante e confrontati con i compagni.*

## LA PAROLA A CHI SCRIVE PER MESTIERE

*Nello stralcio tratto dal romanzo* **Il segreto di Isabel** *di Sonia Ognibene, la protagonista lascia per la prima volta "il nido": scappa dal nonno per dimenticare una brutta esperienza che l'ha segnata. Vuole ritrovare se stessa e soprattutto vuole imparare a camminare con le proprie gambe senza sentirsi "il fiato sul collo" dei suoi genitori.*

**Il segreto di Isabel** di Sonia Ognibene, *pag. 176.*

# Per mio padre non esisto!

Spettabile redazione,

mi chiamo Roberto, ho 13 anni, vi scrivo perché ho un problema che a me sembra veramente grave: non ho un padre! E non perché è morto o perché non l'ho mai visto ma semplicemente perché è del tutto assente nella mia vita. Sono triste, dispiaciuto.

L'anno scorso, in seconda media, ho partecipato a un progetto teatrale, ho interpretato il ruolo di un ballerino, pochi salti in scena mi hanno fatto sentire un altro, è stato come scoprire di avere le ali e avere la possibilità di volare. Ho improvvisamente scoperto che la danza poteva essere per me una vera passione.

Quando ne ho parlato con i miei, mio padre mi ha subito stoppato: "Non è una cosa da maschi!". Non ha detto altro! Non ha alzato nemmeno gli occhi dal piatto! Ho cercato di parlare, di spiegargli, ma non c'è stata nessuna possibilità, anzi, quando mamma si è intromessa per sostenermi, lui l'ha fulminata. Il discorso è morto lì e anche il mio sogno. Era solo un esempio, ma significativo: ecco quello che conto per lui! Meno di niente!
Mai uno scambio di idee, mai neanche uno sguardo! Con lui mi sento invisibile. A volte non riesco a trattenere le lacrime e allora fuggo, mi chiudo in camera e cerco qualche amico con cui chattare.

Non riesco a capire perché lui con mia sorella è diverso, non so, forse perché è piccola (ha sei anni): con lei è tenero, dolce e, quando piange, la consola e la coccola. Con me invece, è sempre stato "distante", ricordo che una volta, potevo avere circa cinque anni, eravamo tutti e tre al luna park, mia sorella non era ancora nata, caddi e mi sbucciai le ginocchia, mio padre mi venne incontro, io mi aspettavo che mi consolasse, ma lui si avvicinò e mi disse: "Non piangere, sembri una femminuccia"! Non lo dimenticherò mai!

Che cosa ho io che non va? Perché non si interessa a me, a quello che faccio, a quello che mi piace, a cosa penso? Perché non mi chiede se ho qualche problema? Forse pensa che io non possa averne? Vorrei poter parlare con lui della difficoltà che ho ad aprirmi con le ragazze, soprattutto con quelle che mi piacciono...

Datemi qualche consiglio, vi prego, ne ho davvero bisogno.

*Roberto*

SCHEDA di APPROFONDIMENTO

## L'INTELLIGENZA EMOTIVA

*La vita familiare, afferma Daniel Goleman nel suo libro "Intelligenza emotiva", è la prima scuola nella quale apprendiamo gli insegnamenti riguardanti la nostra vita emotiva; è nell'intimità della famiglia che impariamo a conoscerci, a capire le nostre emozioni e le possibili reazioni degli altri ai nostri sentimenti. Gli insegnamenti emozionali che riceviamo da bambini ci plasmano e ci rendono più o meno abili nella gestione dell'in*telligenza emotiva*, cioè nella capacità di gestire al meglio le relazioni con gli altri, di controllare i nostri impulsi, di comprendere i sentimenti altrui. L'intelligenza, afferma Goleman, non è data solo dal Qi (quoziente intellettivo), dal dato genetico immodificabile, ma anche dall'interazione con l'ambiente, soprattutto quello familiare che è fondamentale nella prima infanzia per la nostra vita emotiva. Le differenze emozionali tra maschi e femmine hanno radici nell'infanzia e nel periodo dello sviluppo:* "maschi e femmine ricevono insegnamenti molto diversi su come gestire le emozioni. Con la sola eccezione della collera. In generale, i genitori, discutono le emozioni più con le figlie che con i figli.

Per quanto riguarda le emozioni, le bambine sono esposte a un maggior numero di informazioni rispetto ai maschi: quando i genitori inventano delle storie da raccontare ai propri bambini in età prescolare, usano un maggior numero di parole riferite alle emozioni quando parlano alle figlie che non quando si rivolgono ai figli maschi. [...]

Una differenza chiave tra i due sessi emerge quando i giochi sono interrotti perché qualcuno si fa male. Quando l'incidente capita a un maschio e l'infortunato si mette a piangere, gli altri si aspettano da lui che smetta di lamentarsi, in modo che il gioco possa proseguire. Se la stessa cosa accade in un gruppo di bambine, il gioco si ferma e tutte si raccolgono intorno all'amica che piange per aiutarla. [...]
In breve, queste differenze nell'educazione delle emozioni finiscono per alimentare capacità molto diverse: le bambine diventano brave a leggere i segnali emozionali verbali e non verbali, come pure a esprimere e a comunicare i propri sentimenti, mentre i maschi imparano a minimizzare le emozioni che hanno a che fare con la vulnerabilità e la paura".

*da* Intelligenza emotiva *di Daniel Goleman*

"NON PIANGERE, SEI UN OMETTO".

"STAI SEDUTA COMPOSTA, SEI UNA FEMMINUCCIA. NON FARE COSÌ SEMBRI PROPRIO UN MASCHIACCIO".

I bambini sensibili o emotivi sono etichettati come femminucce.

Le bambine troppo vivaci e intraprendenti che non stanno mai ferme, sono definite maschiacci.

Lo stereotipo, maschile o femminile che sia, imprigiona fin dalla più tenera età i bambini e le bambine in gabbie dalle quali è difficile uscire anche da adulti.

Il copione di vita che ereditiamo dalla nostra famiglia, dall'ambiente nel quale siamo vissuti, condiziona non solo la nostra visione del mondo e quindi la nostra vita, ma può condizionare anche quella dei nostri figli. È ciò che è accaduto al padre di Roberto, che nell'educazione dei figli mette in atto due diverse strategie educative: una dura per il figlio per abituarlo a essere forte, a non lasciarsi trasportare dalle emozioni, una più morbida per la figlia perché in qualità di donna, può permettersi il lusso di piangere e di lasciar trasparire la propria emotività.

SCHEDA OPERATIVA

## SEI L'ESPERTO, RISPONDI!

*Fai parte della redazione della rivista, prova a dare una risposta a Roberto anche prendendo spunto dalla scheda di approfondimento. Tieni conto che è disorientato e mette in dubbio persino l'amore del padre nei suoi confronti. Aiutalo a fare chiarezza.*

Qualche suggerimento per la stesura:

1. Dimostra la tua comprensione a Roberto, comunicagli che capisci il suo dispiacere perché la figura paterna è fondamentale per la crescita della propria autostima. Fallo riflettere però anche sul fatto che proprio perché il rapporto con il padre è fondamentale, non deve mollare, deve continuare a cercare la strada giusta per avvicinarsi a lui.
2. Invitalo a riflettere sul fatto che non tutte le persone riescono a manifestare l'amore e l'affetto che provano. Molti, pur nutrendo un profondo affetto, non sono in grado di dimostrarlo.
3. Alcuni genitori inoltre hanno uno stile educativo tradizionale, ereditato casomai dai loro stessi genitori presi a modello. Probabilmente il modello a cui il padre di Roberto fa riferimento, prevede che il maschio (a differenza della femmina), debba controllare le proprie emozioni e debba essere forte in ogni circostanza.
4. Potresti consigliargli, infine, di dire apertamente al padre quello che prova, di manifestargli la sua sofferenza. L'assenza di dialogo, se nessuno rompe questo circolo vizioso esprimendo il suo bisogno, può andare avanti all'infinito provocando solo dolore e frustrazione.

DISCUTINE CON L'INSEGNANTE

*Ritieni che i genitori debbano provvedere al solo soddisfacimento dei bisogni materiali (mangiare, vestirsi, avere una paghetta...) dei figli o che si debbano preoccupare anche del loro benessere psicologico? Discutine con l'insegnante e confrontati con i tuoi compagni.*

## LA PAROLA A CHI SCRIVE PER MESTIERE

*Leggi la lettera* ***Ciao papà come stai?*** *tratta da "Un posto nel mondo" di Fabio Volo a pag. 179.*
*Michele, il protagonista, dopo un evento doloroso, riesamina la sua vita, compreso il rapporto col padre che è sempre stato conflittuale. Racconta le sue sofferenze da bambino, le sue angosce per essere stato respinto da un padre che amava profondamente. Nella lettera si apre e dice al padre tutto quello che non è mai stato capace di dirgli. Al termine della lettera, gli confessa, in un atto liberatorio, il suo amore.*

# Mia sorella è una strega!

Cari amici di redazione,

sono Daniela, ho tredici anni e vi scrivo per parlarvi di un grosso problema: mia sorella!

Ha solo due anni più di me e ci siamo sempre sentite quasi gemelle: da piccole eravamo inseparabili, siamo cresciute insieme. Ora però non facciamo che litigare per delle sciocchezze e questo sta rovinando il nostro rapporto.

Mi manca tanto la sorella di prima, quella che mi ascoltava quando ne avevo bisogno, quella che per qualsiasi cosa era sempre presente. Ne abbiamo combinate tante insieme quando eravamo più piccole...

È cambiata moltissimo, è diventata vanitosa, passa ore e ore davanti allo specchio a provare e riprovare vestiti in continuazione, numera i jeans per non metterli più volte nella stessa settimana. Ha la sindrome della perfezione: mai un capello fuori posto, tutto perfettamente studiato, la maglia che si abbina alle scarpe e alla sfumatura di ombretto. Non fa che criticarmi per come mi vesto e a volte è così crudele con me che mi sento una nullità.

Mi sembra di non avere più niente da condividere con lei e questo mi fa star male. Dov'è finito il nostro rapporto? Dov'è la complicità che avevamo?

C'è un muro di cemento tra noi, io sono chiusa nella mia rabbia e lei nella sua.

Ormai le litigate diventano sempre più frequenti e più feroci. Ci sono momenti in cui ci sputiamo addosso così tanto veleno che mi sembra di soffocare. Quando mi guarda con quella sua aria da sufficienza sento dentro di me una tale furia che vorrei fulminarla, poi mi sento in colpa per aver provato tanta rabbia, ma non posso farci niente.

Chiede soldi in continuazione, c'è sempre una nuova maglietta da comprare o una felpa all'ultima moda che è proprio necessaria. I miei non riescono a dirle di no perché lei fa la vittima, oppure, quando pensa proprio di non riuscire a spuntarla, si arrabbia e urla, se la prende per tutto e con tutti, così mia madre per quieto vivere cede.

Non so proprio cosa fare, aiutatemi!

Daniela

SCHEDA di APPROFONDIMENTO

### IL CONFLITTO

*Che differenza c'è tra contrasto e conflitto? Può capitare spesso di essere in contrasto con una persona, siamo diversi e abbiamo opinioni diverse. Ma il conflitto va oltre la sfera del contenuto, dei fatti accaduti, oltre la diversità di idee perché investe la relazione che abbiamo con l'altra persona. Qualcosa si rompe nella nostra relazione con l'altro e non guardiamo più quella persona con gli stessi occhi. Quando entriamo in conflitto con una persona, rifiutiamo tutto di lei, non siamo d'accordo né su quello che dice, né su come lo dice. Ma è possibile gestire il conflitto? Come? È possibile, con una bella dose di buona volontà e qualche "trucchetto" che spesso funziona.* Vediamone qualcuno.

**Prendere tempo.** Quando litighiamo, siamo così concentrati su noi stessi e sulla rabbia che proviamo, così "presi" dalle nostre emozioni che non riusciamo a pensare in modo razionale. È come se una nebbia si ponesse tra noi e l'altra persona impedendo la comprensione reciproca. Ognuno è preso solo ed esclusivamente da quello che prova (la rabbia), si sente aggredito e innalza muri invisibili per difendersi.

Quando un muro è stato innalzato, non c'è più la possibilità di capirsi, allora l'unica cosa da fare è aspettare, lasciare che la rabbia sfumi e che la nebbia si diradi. Prendere tempo ci aiuterà a essere più disponibili al confronto.

**Comunicare all'altro i propri sentimenti.** Quando la nebbia si è diradata, possiamo riaprire il discorso, ma partendo da noi. Quando parliamo di noi e di come ci siamo sentiti, non stiamo sottolineando le mancanze dell'altro ("tu hai fatto questo o quello"), ma gli stiamo comunicando il nostro malessere. Spostare l'attenzione su di sé è importante perché in questo modo l'altro non si sente aggredito, messo sotto accusa e non reagisce aggredendoci pur di difendersi, scatenando in tal modo un'ulteriore nostra reazione.

**Guardare oltre per vedere altro.** Spesso quando litighiamo con una persona non siamo solo arrabbiati per ciò che è accaduto, cioè per un suo specifico comportamento, la nostra rabbia ingoia tutto, si allarga a dismisura e investe l'intera persona che non ci piace più. Dimentichiamo tutti gli altri aspetti della persona che in altri momenti sicuramente abbiamo apprezzato. Vediamo solo in bianco e nero, senza sfumature, non sappiamo guardare "oltre" quello che è accaduto, e così facendo, non vediamo nient'altro. Non sappiamo distinguere quel singolo aspetto che non ci piace da tutto il resto e finiamo per dare giudizi sull'intera persona, generalizzando.

SCHEDA OPERATIVA

## SEI L'ESPERTO, RISPONDI!

*Immagina di far parte della redazione della rivista e di rispondere a Daniela. La tua risposta sarà pubblicata sul prossimo numero della rivista.*

PROCEDI IN QUESTO MODO:

- Individua (se vuoi sottolinea) nella scheda di approfondimento "Il conflitto" le informazioni che pensi di utilizzare per aiutare Daniela a gestire meglio il conflitto con la sorella.
- Affronta il problema in maniera tecnica, così come farebbe un addetto ai lavori, un esperto che in modo abbastanza obiettivo e distaccato fornisce indicazioni utili per aiutare Daniela a trovare una soluzione.
- Dimostra a Daniela di *comprendere* la sua rabbia, ma allo stesso tempo richiamala anche alle sue corresponsabilità (visto che spesso siamo portati a riconoscere gli errori degli altri e a soffermarci poco sui nostri).
- Dalle dei suggerimenti per recuperare il rapporto con la sorella: è questo che le sta più a cuore.

DISCUTINE CON L'INSEGNANTE

*Spesso diamo per scontato che ciò che è importante per noi lo sia anche per gli altri. Non è così. Neanche chi ci conosce bene è nella nostra testa e sa che cosa è veramente importante per noi. Non possiamo pretendere, facendo appello al rapporto di familiarità che abbiamo con l'altro (sia esso amico, genitore ecc..), di essere capiti al volo e di non aver bisogno di parlare né di spiegare perché l'altro, proprio in virtù della nostra intimità, DEVE CAPIRCI. Spesso i conflitti nascono dalla delusione: "Non mi capisci, questo significa che non sei interessato a me, è quindi inutile che io ti spieghi perché non è la stessa cosa".*

Ti è mai capitato di pensare che qualcuno ti avesse deliberatamente fatto un torto e poi di accorgerti che era in buona fede, che non pensava di ferirti e non aveva idea di quanto la cosa fosse importante per te? Hai mai fatto un errore di valutazione? Ti sei mai ricreduto? Cosa ha imparato da questo? Confrontati con l'insegnante e con i compagni.

## LA PAROLA A CHI SCRIVE PER MESTIERE

*Leggi che cosa succede in casa di Will da quando, improvvisamente, sua sorella si è trasformata in un'arpia: discussioni, guerriglia, difesa delle postazioni faticosamente guadagnate e finalmente, quando la strega esce di casa, una meritata tregua.*
***Quell'arpia di mia sorella** di Anne Fine, pag. 182.*

## LE RELAZIONI
## FILMOGRAFIA

***Incompreso**, Luigi Comencini, 1966*
***Kramer contro Kramer**, Robert Benton, 1979*
***Voltati Eugenio**, Luigi Comencini, 1980*
***La stanza di Cloe**, Rolf De Heer, 1996*
***L'incredibile volo**, Carroll Ballard, 1996*
***Una storia vera**, David Lynch, 1999*
***Billy Elliot**, Stephen Daldry, 2000*
***Liam**, Stephen Frears, 2000*
***La stanza del figlio**, Nanni Moretti, 2001*
***Il bacio dell'orso**, Sergej Bodrov, 2002*
***Io non ho paura**, Gabriele Salvatores, 2003*
***La guerra di Mario**, Antonio Capuano, 2005*

***La storia del cammello che piange**, Byambasuren Davaa e Luigi Falorni, 2005*
***Il papà di Giovanna**, Pupi Avati, 2008*
***Bianca come il latte rossa come il sangue**, Giacomo Campiotti, 2012*
***La città incantata**, Hayao Miyazaki, 2001*

## PRIMA SEZIONE - La parola ai ragazzi

# BULLISMO E LEGGE DEL BRANCO

# Sono una ladra

Caro diario,

è passata una settimana dall'ultima volta che ti ho scritto. Non volevo farlo forse perché avevo paura! Ci ho provato qualche volta: mi sono seduta, ho aperto il cassetto della scrivania, tu eri lì, aspettavi che io ti prendessi tra le mani, ma non ne ho avuto il coraggio. Oggi finalmente mi sono decisa.

Sono accadute tante cose nell'ultima settimana: i miei mi hanno messa in punizione! Perché, ti chiederai! Beh! Se te lo dico strabuzzerai gli occhi, anzi le pagine: ho rubato! Lo so che è sbagliato e non sai quanto mi detesto per averlo fatto!

Non è stata una mia iniziativa, mi hanno convinto loro, le mie amiche. "Amiche" poi, ora mi rendo conto che non meritano questo nome. In verità non è che loro me l'abbiano imposto ma io non sapevo cosa fare, mi avevano proposto una vera e propria prova di coraggio e io volevo essere qualcuno ai loro occhi, volevo che mi giudicassero coraggiosa, volevo essere apprezzata! Ero stufa di essere trasparente! Ora ti racconto com'è andata.

Sai bene quanto tengo a Laura, la conosco dalle elementari, e sai anche che da quando siamo alle medie molte volte ho cercato di avvicinarla telefonando con la scusa dei compiti, ma lei niente. Una settimana fa, all'uscita di scuola, mi si è avvicinata con il suo gruppetto di fedelissime, io l'ho accolta con un bel sorriso, da tempo aspettavo quel momento, ma il sorriso mi si è spento in faccia quando le ho sentito dire:

– Domani andiamo al centro commerciale nel reparto profumeria e tu prenderai il rossetto che piace a Delia. Se farai questo, sta sicura che sarai nel gruppo!

Mentre lei parlava, una morsa allo stomaco mi faceva vedere i sorci verdi. Che fare? Mille pensieri mi attraversarono la mente, non volevo farlo, ma già mi vedevo far parte del gruppo, partecipare alle feste domenicali e alle passeggiate del sabato pomeriggio.
In fondo è solo un rossetto, pensai. Decisi di andare! Mi aggirai tra profumi e mascara mentre tenevo d'occhio la telecamera.
Un improvviso senso di nausea mi avvolse, ma non mi lasciai intimorire, raccolsi tutto il mio coraggio, presi il rossetto e schizzai verso l'uscita così in fretta che travolsi un signore. Mi urlò dietro qualcosa che bastò ad attirare l'attenzione di tutti, compreso quella di un commesso che era poco distante. Il commesso capì subito, si catapultò su di me e mi afferrò per un braccio strattonandomi.

Mi guardai intorno, le mie amiche non c'erano più, si erano dileguate! Perché la terra non si aprì all'improvviso? Perché non mi ingoiò?

Perché non si può tornare indietro nel tempo? Fui portata dal direttore, la vergogna dell'interrogatorio che seguì rimarrà impressa nella mia mente per sempre, così come le facce di disapprovazione dei presenti.

Avrei voluto urlare: "Non è come credete! Non sono una ladra".
E invece almeno in quel momento lo ero, era questa la verità!

Il direttore avvertì i miei genitori. Di lì a poco li vidi venire verso di me, mi parvero improvvisamente più vecchi, più stanchi e con le spalle più curve. Riuscirò ancora a sostenere il loro sguardo senza sentire questo peso sul petto che mi impedisce di respirare?

Ti lascio, sono così dispiaciuta che non riesco neanche più a scrivere! Sono due brave persone, non si meritano una figlia come me!

*Giulia*

**SCHEDA di APPROFONDIMENTO**

**L'INIZIAZIONE**

*Nelle società tribali, i riti di passaggio sancivano, proprio attraverso l'iniziazione, l'entrata nel mondo adulto. La prova di coraggio da superare stabiliva se il ragazzo fosse o meno pronto per essere accettato come adulto dalla comunità.*

*Anche le sfide adolescenziali rappresentano spesso un rito di iniziazione per essere accettati dal gruppo. Ma come funziona il gruppo dei pari e che cosa spinge il preadolescente a "mettersi alla prova"?*

## LA PRESSIONE DEL GRUPPO

Nel momento in cui il ragazzo, alla ricerca dell'autonomia, si emancipa dalla famiglia, viene meno anche la funzione di protezione che la famiglia rappresenta e questo può generare insicurezze e ansia. È a questo punto che entra in gioco il gruppo dei pari, che aiuta i suoi membri e sopperisce alla famiglia.

Nel gruppo cerchiamo la nostra dimensione, ci esprimiamo con maggiore libertà, ci sentiamo protetti, accolti, condividiamo comportamenti, valori, stili di vita.

Nel gruppo ci confrontiamo e impariamo a conoscere quali strategie utilizzano i nostri compagni per risolvere problemi simili ai nostri, impariamo a misurare le nostre potenzialità e a conoscere i nostri limiti, impariamo insomma a conoscerci meglio.

Il gruppo diventa quindi un indispensabile **punto di riferimento** per l'adolescente alla ricerca di una propria identità. Ma nel gruppo si sperimenta anche la contraddizione tra il desiderio di essere accolti, e quindi la necessità di accettare le regole e le richieste che il gruppo ci fa, e la legittima volontà di autonomia, il "pensare con la propria testa".

La pressione del gruppo sui suoi membri può essere anche molto forte e può richiedere a volte vere e proprie prove di fedeltà, prove alle quali è spesso difficile sottrarsi.

Nel loro percorso di esplorazione di sé, i preadolescenti sono talvolta disposti a sperimentarsi anche in situazioni al limite della violazione di norme.

Ma bisogna necessariamente accettare le **regole del gruppo** anche quando non si condividono, pena l'esclusione dal gruppo stesso?

Le piccole trasgressioni caratteristiche di questa età sono, secondo gli studiosi, determinate dalla volontà di sperimentare le proprie capacità e dal bisogno di essere accettati. Spesso il conformarsi non è determinato dalle proprie convinzioni personali, ma dalla paura di apparire diversi e quindi di **non essere accettati**.

Questa fase è comunque transitoria e, con il passare del tempo, le forze centrifughe di autonomia e di riconoscimento della propria diversità prendono il sopravvento e emerge il bisogno di distinguersi dal gruppo.

SCHEDA OPERATIVA

## MA SBAGLIANDO S'IMPARA?

*Ma sbagliando s'impara? Che cosa pensi abbia imparato Giulia?*

.................................................................................................................................

.................................................................................................................................

*Se ti chiedessero una "prova di coraggio" simile, cosa faresti?*

.................................................................................................................................

.................................................................................................................................

*Secondo te ci vuole più coraggio ad accettare le sfide del gruppo o saper dire di no? Perché?*

.................................................................................................................................

.................................................................................................................................

*Mettiti nei panni di Giulia e trasforma la sua pagina di diario in una lettera aperta alla redazione della rivista per chiedere a un esperto un parere su come recuperare la fiducia dei tuoi genitori.*

DISCUTINE CON L'INSEGNANTE

*Gli errori possono essere buoni maestri? Si può imparare dagli errori?*
***Winston Churchill**, politico, storico e grande statista britannico, famoso anche per i suoi aforismi, afferma che "tutti gli uomini sbagliano, ma solo i grandi imparano dai propri errori". Che ne pensi?*
***James Joyce**, grande scrittore irlandese, sostiene che "gli errori sono le porte delle scoperte".*
*C'è una bellissima frase che dice: "Si può sbagliare senza essere sbagliati".*
*Cosa pensi che significhi?*
*Discutine con l'insegnante e con i compagni.*

## LA PAROLA A CHI SCRIVE PER MESTIERE

*È difficile resistere alla tentazione di "omologarsi", di conformarsi ai comportamenti prevalenti, pur di essere accettati dal gruppo e non sentirsi diversi. La diversità spaventa, l'omologazione rassicura, ci rende simili agli altri.*

*Il protagonista di **Io e te** di Niccolò Ammaniti lotta da quando era bambino per affermare la propria individualità, per essere se stesso, e questo gli procura non pochi problemi.*

*Leggi lo stralcio tratto da **Io e te** di Niccolò Ammaniti,* *lo troverai a pag. 188.*

# Non sono un bullo!

Caro diario,

ma chi l'avrebbe mai immaginato che quello stupido di Peppe avrebbe reagito? E invece l'ha fatto! Non era mai successo; è sempre schizzato via come un missile rasentando il muro quasi come se volesse scomparire, mentre io, Gianni e gli altri morivamo dalle risate.

Che cosa gli sia passato per la testa non si sa, ma quando Gianni l'ha spinto da dietro facendolo quasi cadere, si è fermato, si è girato e come se ci vedesse per la prima volta ci ha detto: "Io non ho paura, che volete fare?".

Ho visto la faccia di Gianni diventare verde dalla rabbia, sicuramente avrà pensato: "Come osa reagire il microbo?"

Io, Roberto e Vito ci siamo guardati in faccia, tutti e tre abbiamo pensato: "E adesso che succede?".

Gianni l'ha strattonato, l'ha preso per il bavero del giubbino e gli ha detto: "Adesso vediamo, campione, se davvero non hai paura! Sei diventato d'improvviso un super eroe? È successo stanotte?".

Peppe era immobilizzato, riusciva a respirare a fatica perché Gianni nella foga gli stringeva sempre più il bavero intorno al collo, tremava e sudava contemporaneamente, ma gli ha detto: "Io non ho paura di uno che può essere anche tutto muscoli ma il cervello se l'è giocato!". In quel momento ho pensato che se c'era uno che s'era giocato il cervello questo era lui. Come poteva provocare il quel modo Gianni? Lo sapeva, no, che quando usciva fuori di testa era difficile controllarlo? Sai cosa succede ai tori quando gli sventoli sotto il naso il mantello rosso? Ecco, è quello che è accaduto a Gianni: gli si è avventato contro e l'ha riempito di pugni e calci. Noi osservavamo inebetiti, incapaci di reagire. Solo quando una signora dall'altro lato del marciapiede ha iniziato a urlare, ci siamo risvegliati. L'urlo ha scosso anche Gianni che, improvvisamente, è uscito dalla trance, si è guardato intorno ed è stato il primo a darsela a gambe.

Se ci ripenso sto male, ma in fondo volevamo solo divertirci un po', l'abbiamo fatto altre volte, il caga sotto fuggiva via e noi a riderci su. Che cosa è successo oggi? Che gli è saltato in mente?

Certo non è colpa mia, io non ho fatto niente, è stato Gianni a picchiarlo e poi come avrei potuto fermarlo? Gianni non ascolta nessuno e non ha paura di nessuno. Certo non potevo mica dirgli: "Lascialo stare!" Avrebbe pensato che anch'io sono un caga sotto e chissà avrebbe anche potuto prendersela con me. È meglio tenerselo buono uno come lui!

Chissà come andrà a finire questa storia. L'avranno portato in ospedale? Forse sì visto che sanguinava dal naso. E lui avrà raccontato tutto? Qualcuno ci avrà riconosciuti? Quando siamo fuggiti via ero così agitato che non mi sono reso conto di niente. Le urla di quella signora mi risuonano ancora nelle orecchie.

Ti saluto sono stanco e non ho più voglia di scrivere.

*Rino*

SCHEDA di APPROFONDIMENTO

## IL BULLISMO

*Il termine bullismo, dall'inglese to bully che significa tiranneggiare, indica un atteggiamento aggressivo e di prepotenza nei confronti di una persona più debole o ritenuta tale. Ecco le caratteristiche distintive del fenomeno.*

*Da: smontailbullo.it*

1. **intenzionalità**: cioè il fatto che il bullo metta in atto premeditatamente dei comportamenti aggressivi con lo scopo di offendere l'altro o di arrecargli danno;
2. **persistenza**: sebbene anche un singolo episodio possa essere considerato una forma di bullismo, l'interazione bullo – vittima è caratterizzata dalla ripetitività di comportamenti di prepotenza protratti nel tempo;
3. **asimmetria di potere**: si tratta di una relazione fondata sul disequilibrio e sulla disuguaglianza di forza tra il bullo, che agisce, che spesso è più forte o sostenuto da un gruppo di compagni, e la vittima, che non è in grado di difendersi;
4. **tipologie diverse con cui si manifesta**: nonostante spesso si pensi al bullismo fisico, dobbiamo ricordare che il comportamento d'attacco può essere perpetrato anche con modalità verbali di tipo diretto (offese e minacce) e con modalità di tipo psicologiche e indirette;

5 **natura sociale del fenomeno**: come testimoniato da molti studi, l'episodio avviene frequentemente alla presenza di altri compagni – spettatori o complici – che possono assumere un ruolo di rinforzo del comportamento del bullo o semplicemente sostenere e legittimare il suo operato.

## QUALI LE CAUSE

Cercare di individuare le cause è difficile perché il fenomeno del bullismo è molto complesso. Possiamo parlare di una serie di con-cause:

- Individuali: i tratti della personalità del bullo.
- Familiari: genitori troppo permissivi; atteggiamenti aggressivi vissuti in famiglia; mancanza di amore genitoriale.
- Sociali: influenza dei mass media che propongono come vincenti modelli di prepotenza e arroganza.

## IDENTIKIT DEL BULLO: CHI È?

- Ha difficoltà a seguire le regole.
- Ha difficoltà ad assumersi le proprie responsabilità.
- È impulsivo e aggressivo.
- Non prova empatia, è incapace cioè di comprendere le emozioni altrui.
- Pensa che la violenza sia l'unico modo per farsi valere.
- Dà molta importanza alla prestanza fisica.
- È spavaldo e arrogante.

## QUALI SONO LE CONSEGUENZE DEL BULLISMO?

Il bullismo è un malessere sociale fortemente diffuso, sinonimo di un disagio relazionale che si manifesta soprattutto tra adolescenti e giovani, ma sicuramente non circoscritto a nessuna categoria né sociale né tanto meno anagrafica. Il bullismo si evolve con l'età, cambia forma, e in età adulta lo ritroveremo in tante, troppe prevaricazioni sociali, lavorative e familiari.

In genere, *"uno studente è oggetto di azioni di bullismo, ovvero è prevaricato o vittimizzato, quando viene esposto, ripetutamente nel corso del tempo, alle azioni offensive messe in atto da parte di uno o più compagni"* (Olweus 1996).

Una recente indagine in Italia sul bullismo nelle scuole superiori ha evidenziato che un ragazzo su due subisce episodi di violenza verbale, psicologica e fisica, e il 33% è una vittima ricorrente di abusi. Dai risultati dell'indagine emerge che le prepotenze di natura verbale e psicologica prevalgano rispetto a quelle di tipo fisico: il 42% dei ragazzi afferma di essere stato preso in giro; il 30% ha subito delle offese e il 23,4% ha segnalato di aver subito calunnie; nelle violenze di tipo psicologico, il 3,4% denuncia l'isolamento di cui è stato oggetto, mentre l'11% dichiara di essere stato minacciato.

Come fa una società civile a tollerare tutto questo e allo stesso tempo sperare che la società stessa cresca e progredisca?

Il cupo fenomeno del bullismo è incomprensibilmente **sottovaluto** anche quando esso è una manifestazione di un vero è proprio malessere sociale sia per coloro che commettono il danno che per coloro che lo subiscono: i primi in quanto a rischio di problematiche antisociali e devianti, i secondi in quanto rischiano una eccessiva insicurezza caratteriale che può sfociare in sintomatologie anche di tipo depressivo. Di questi tempi si parla spesso della depressione come nuova grande malattia sociale, ma cosa si fa per combatterla?

Le **conseguenze** del bullismo sono notevoli, a volte purtroppo irreparabili: il danno per l'autostima della vittima si mantiene nel tempo e induce la persona a perdere fiducia nelle istituzioni sociali come la scuola ma anche come la famiglia, oppure alcune vittime diventano a loro volta aggressori sui più deboli.

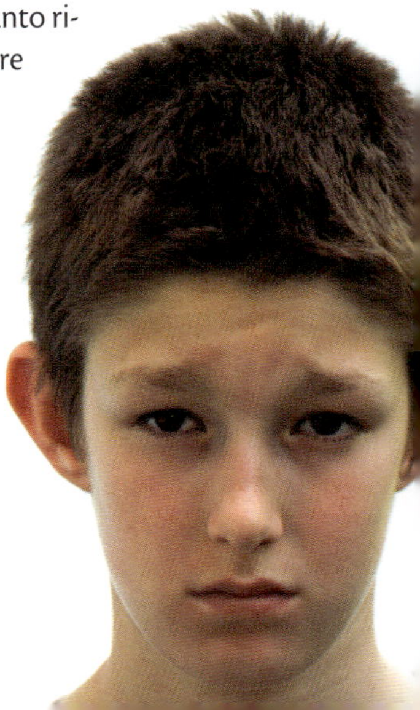

Gli psicologi hanno preso in considerazione disturbi come la depressione e l'ansia, problemi psicosomatici come mal di testa e mal di pancia, enuresi, disturbi del sonno, ansia e spossatezza.

In una fase iniziale dell'osservazione è emerso che le vittime del bullismo sono in modo significativo più vulnerabili a sviluppare problemi psicosomatici e psicosociali rispetto ai loro coetanei. Gli oppressori, d'alta parte, manifestano con la violenza il loro disagio sociale spesso originatosi nella famiglia di appartenenza o dovuto al generale rifiuto da parte della comunità scolastica e sociale.

A cura della redazione sociale di Informagiovani-Italia
(Da http://www.informagiovani-italia.com/bullismo.htm#ixzz2Vc20j7ng

A tal proposito va detto che il Ministero dell'Istruzione, dell'Università e della Ricerca porta avanti dal 2007 una campagna nazionale per prevenire il fenomeno del bullismo e del cyber bullismo denominata "Smontailbullo".

SCHEDA OPERATIVA

## C'ERO ANCH'IO MA NON HO FATTO NIENTE!

*Hai mai assistito a un episodio di bullismo? Hai fatto o avresti voluto fare qualcosa?*

........................................................................................................................

........................................................................................................................

*Chi è vittima del bullismo e non può contare neanche sulla solidarietà dei compagni inizia a pensare di essere inadeguato, si sente indifeso, stupido, diverso, e giorno dopo giorno, questa convinzione cresce e si alimenta fino a determinare dei veri e propri cambiamenti della personalità che influenzeranno la sua vita futura anche a distanza di tempo. Il bullo si smonta soprattutto smontando il muro dell'omertà che gli dà la forza: se nessuno ride alle sue battute cattive e se viene messo in minoranza non ha più terreno fertile per continuare a fare le sue bravate. Sei d'accordo? Pensi sia possibile smontare il bullo?*

........................................................................................................................

........................................................................................................................

*"Chi ti protegge è fuori dal gregge!" Cosa pensi che significhi questa affermazione?*

........................................................................................................................

........................................................................................................................

*Spesso, quando si assiste ad atti di bullismo senza avere il coraggio di intervenire in difesa della vittima, si tende a minimizzare l'accaduto per cercare di giustificare se stessi: "In fondo è solo uno scherzo un po' pesante" si dice. A te è mai capitato?*

........................................................................................................................

........................................................................................................................

*Pensi sia possibile imparare a non avere paura, a opporsi al più forte, a far valere le proprie idee?*

........................................................................................................................

........................................................................................................................

## DISCUTINE CON L'INSEGNANTE

*Il bullo è alla ricerca di visibilità. Senza un pubblico di spettatori che applaude alle sue "bravate", non è nessuno e la sua popolarità si sgonfia come un pallone. L'unico modo per neutralizzare il bullo è renderlo inoffensivo togliendogli il pubblico. Ma il pubblico siamo noi, tutti noi che con i nostri silenzi legittimiamo il suo comportamento. Certo non è facile essere "fuori dal coro", si ha paura, ma denunciare gli atti di bullismo, dimostrare solidarietà a chi è in difficoltà o a chi è più debole, è un atto di responsabilità sociale. È così che si diventa grandi! Discutine con i compagni e con l'insegnante.*

## LA PAROLA A CHI SCRIVE PER MESTIERE

*Ti proponiamo i contributi di vari scrittori che nei loro romanzi hanno trattato, da diverse angolazioni e punti di vista, il fenomeno del bullismo.*

***Non chiamatemi Ismaele*** *di Michael Gerard Bauer, pag. 192.*

***Io come te*** *di Paola Capriolo, pag. 197.*

***I pesci non chiudono gli occhi*** *di Erri De Luca, pag. 201.*

*Le ferite fisiche sono visibili mentre quelle psichiche sono ben nascoste ma non sono meno dolorose. I protagonisti delle due testimonianze anonime che ti proponiamo:* **Alle medie pensavo solo a non piangere** *e* **La mia vita: uno splendido percorso in salita**, *dopo anni sentono ancora il bisogno di raccontare la loro storia per liberarsi di un peso che ancora li opprime.*

***Testimonianze*** *da Bullismo.com, pag. 206.*

# Sono vittima del cyber bullismo

Gent.le redazione,

mi chiamo Biagio e frequento la seconda media. Sono un ragazzo timido, parlo poco ma a scuola vado bene e gli insegnanti sono contenti di me. Questa è una delle poche soddisfazioni perché per il resto non mi piaccio molto: sono grassottello e quando facciamo educazione fisica mi sento come un pesce fuor d'acqua.

Mi sono deciso a scrivervi perché non so più che cosa fare, ho un problema che sta diventando per me troppo grosso, non posso parlarne con i miei genitori perché mi vergogno; con i miei amici è ancora peggio, e poi ormai non mi fido più di loro, allora ho pensato di chiedere aiuto a voi. Ho visto che molti ragazzi scrivono alla vostra rivista e che l'esperto dà sempre loro buoni consigli. Il problema è questo: i miei amici mi prendono in giro e pubblicano su fb frasi offensive che mi fanno stare molto male. Hanno anche creato un gruppo che porta il mio nome e si divertono a sparlare di me. La cosa più carina che hanno detto è che puzzo come un maiale e che farei bene a starmene a casa piuttosto che infestare l'aula. Non vi dico la valanga dei *mi piace* che si scatena a ogni nuovo commento.

All'inizio ci rimanevo male ma poi pensavo: passerà, si stancheranno; ora invece so che non è così perché più tempo passa più ci prendono gusto.

Sto male, così male che la notte fatico ad addormentarmi, mi sveglio più volte, faccio dei terribili incubi e al mattino sono uno straccio. Non riesco più a stare attento alle lezioni, sono così stanco che rischio di addormentarmi. È quello che mi è accaduto proprio ieri mattina, nell'ora di scienze.
Qualcuno deve avermi scattato una foto perché il pomeriggio, alle diciotto, quando ho acceso il computer e sono andato su fb, la prima notifica riportava la mia foto con un commento: "Il bello addormentato, anzi solo addormentato perché di bello non ha proprio niente! HAHAHAHAHAHA". Sotto, una montagna di *mi piace*. È stato come un pugno nello stomaco.

Andare a scuola è diventato un problema! La mattina la sola idea di entrare in classe mi dà il volta stomaco. Non so che cosa darei per avere la febbre o un qualsiasi altra cosa che mi costringa a casa. E invece godo di ottima salute e anche se sto male, l'appetito non mi manca, anzi, il pomeriggio non faccio che mangiucchiare qualcosa. Con i miei genitori fingo che tutto vada bene mentre invece tutto va malissimo e anche i professori iniziano a lamentarsi, mi dicono che non mi riconoscono più, mi chiedono come mai sono cambiato, che cosa mi succede, perché non studio più. Che cosa posso rispondere?

Perché ci sono persone che godono nel tormentare altre persone? Che cosa spinge un ragazzo a comportarsi così? Si può mai provare piacere o avere soddisfazione nel vedere un altro che sta male? Ma davvero siamo così crudeli?

Aiutatemi, vi prego, non so cosa fare, mi viene solo voglia di fuggire via.

Biagio

SCHEDA di APPROFONDIMENTO

## CYBER BULLISMO: COS'È E COME DIFENDERSI

*Il cyber bullismo è un atto di bullismo che utilizza lo strumento informatico. Il desiderio del bullo di "dominare" la sua vittima intimidendola e ridicolizzandola viene amplificato dall'uso della rete che raggiunge un pubblico molto ampio provocando nella vittima un profondo senso di impotenza e disagio. Questo può portare anche drammatiche conseguenze, così come molti fatti di cronaca testimoniano.*

*Per approfondire l'argomento leggi gli esiti della ricerca effettuata da Save the Children, l'Organizzazione internazionale diffusa in 120 paesi, che lotta per migliorare la vita dei bambini.*

*Secondo la ricerca "I ragazzi e il cyber bullismo" realizzata da* Ipsos per Save the Children, *i social network sono la modalità d'attacco preferita dal cyber bullo che di solito colpisce la vittima attraverso la diffusione di foto e immagini denigratorie o tramite la creazione di "gruppi contro".*

### Come il cyber bullo sceglie la sua "vittima"?

È facile attirare l'attenzione del cyber bullo se ci si veste in modo insolito, se si ha un colore della pelle diverso o finanche se si è la più graziosa della classe. Nei criteri di elezione della vittima infatti la "diversità", nelle sue varie declinazioni, gioca un ruolo fondamentale: l'aspetto estetico, la timidezza, il supposto orientamento sessuale, l'essere straniero, l'abbigliamento non convenzionale e persino la disabilità, possono essere valide motivazioni per prendere di mira qualcuno.

### Come si attacca la vittima?

Diverse sono le modalità che i ragazzi raccontano di poter mettere in atto una volta individuata la vittima: si rubano e-mail, profili o messaggi privati per poi renderli pubblici, si inviano sms/mms/e-mail aggressivi e minacciosi, vengono appositamente creati "gruppi contro" su un social network per prendere di mira qualcuno, o ancora vengono diffuse foto e immagini denigratorie o intime senza il consenso della vittima.

La modalità d'attacco preferita dai giovani cyberbulli è la persecuzione della vittima attraverso il suo profilo su un social network (61%).

### Come sono percepiti "vittima" e "carnefice" dai loro coetanei?

In larghissima maggioranza, i ragazzi esprimono solidarietà alla persona perseguitata e secondo l'88% il malcapitato non se lo meritava veramente. Gli "innocentisti" hanno chiaro il quadro della classica dinamica di branco (per il 70% degli intervistati, uno comincia e gli altri gli vanno dietro).

### Secondo i ragazzi, la connettività aggrava il fenomeno del bullismo?

Per la maggior parte dei ragazzi (pari all'83%), gli episodi di bullismo "virtuali" sono molto più dolorosi di quelli reali per chi li subisce perché non ci sarebbero limiti a quello che si può dire e fare, potrebbe avvenire continuamente e in ogni ora del giorno e della notte e non finire mai.

### Quali le conseguenze delle azioni di cyber bullismo?

Per i ragazzi intervistati, l'isolamento è la conseguenza principale del cyber bullismo. Per il 67% degli intervistati, chi lo subisce si rifiuta di andare a scuola o fare sport, ma soprattutto è la dimensione della socialità a risentirne: il 65% afferma che le vittime non vogliono più uscire o vedere gli amici, il 45% che si chiudono e non si confidano più. Anche effetti più gravi, che incidono sullo stato di prostrazione psicologica della vittima, sembrano essere ben percepiti dai ragazzi: secondo il 57% degli intervistati le vittime di cyber bullismo vanno in depressione, il 44% ha la percezione che potrebbero decidere di farsi del male o anche peggio.

Adatt. da
http://www.savethechildren.it/IT/Tool/Press/Single?id_press=549&year=2013

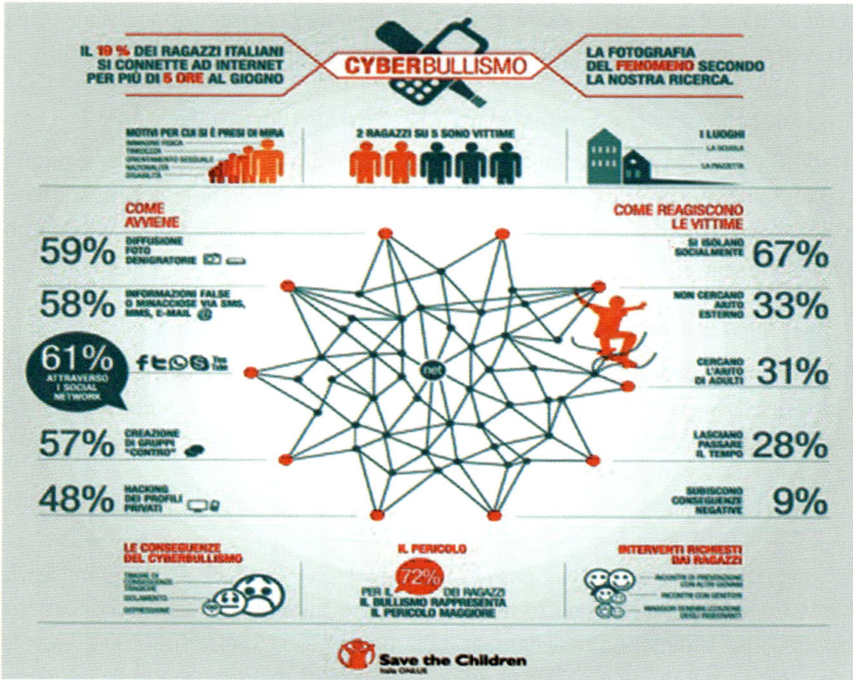


Esiti della ricerca di Save the Children
http://www.smontailbullo.it/webi/_file/documenti/Schede%20di%20approfondimento/contrastare%20bullismo.pdf

Il fenomeno sta diventando così esteso che anche L'Arma dei Carabinieri ha curato sul proprio sito un'apposita sezione dove si spiega che cos'è il cyber bullismo e come ci si può difendere. Leggi questo estratto:

*"Un comportamento bullo è un tipo di azione che mira deliberatamente a far del male o a danneggiare; spesso è persistente, talvolta dura per settimane, mesi, persino anni ed è difficile difendersi per coloro che ne sono vittime. Alla base della maggior parte dei comportamenti sopraffattori c'è un abuso di potere e un desiderio di intimidire e dominare".*

### Non è vero che...

1. *i comportamenti da bullo rientrano nella normale crescita di un bambino o di un adolescente.* Le manifestazioni di prevaricazione e prepotenza sono sempre negative perché utilizzano una posizione di presunta forza o potere per danneggiare o comunque far del male a un'altra persona;
2. *il bullo è un ragazzo insicuro, ansioso o con una bassa autostima.* In realtà chi si comporta da bullo ha un'autostima al di sopra della media dei suoi coetanei e, se viene continuamente confermato nei suoi atti di forza e prepotenza, a lungo andare si convincerà che l'unico modo per avere successo nella vita e per riuscire è quello di prevaricare sugli altri e di comportarsi in modo aggressivo;
3. *la vittima deve imparare a difendersi da sola.* Prepotenze e vessazioni mettono chi le subisce in una condizione di inferiorità psicologica, di isolamento e di bassa autostima che non può essere fronteggiata in modo solitario. È necessario un sostegno da parte degli altri: familiari, insegnanti e amici;
4. *i comportamenti da bulli riguardano solo zone periferiche delle grandi città o appartenenti a classi disagiate o meno abbienti.* Il fenomeno può interessare tutte le classi socioeconomiche e può manifestarsi sia nei quartieri periferici sia nelle zone residenziali;
5. *il bullismo è un problema dell'ambiente scolastico.* Gli atti di bullismo si verificano non solo a scuola ma anche in altri luoghi di aggregazione sociale come i centri sportivi, l'oratorio...;
6. *stare alla larga da certa gente è l'unico modo per non avere problemi.* Naturalmente non conviene cercare la compagnia di ragazzi che si comportano in modo particolarmente prepotente ma non bisogna neanche "fare lo struzzo" cioè far finta di non vedere quando un compagno viene preso di mira dai bulli di turno.

### Non solo bulli e vittime....

Comunemente quando si pensa al bullismo ci si riferisce soltanto a due tipi di soggetti coinvolti: i bulli e le vittime. In realtà esiste una terza categoria, gli spettatori che, anche se non prendono parte attiva agli atti di prepotenza, assistono e svolgono comunque un ruolo importante nella legittimazione di tali condotte. Consideriamo le singole categorie nel dettaglio.

1. **I bulli** mettono in atto le prevaricazioni, si distinguono in dominanti e gregari. Il *bullo dominante* è più forte della media dei coetanei, ha un forte bisogno di potere, dominio e autoaffermazione, è impulsivo e ha difficoltà a rispettare le regole. Ha una scarsa consapevolezza delle conseguenze delle proprie azioni e non mostra mai sensi di colpa per gli esiti delle prepotenze. Di solito ha un rendi-

mento scolastico nella media ma che con il tempo tende a peggiorare e manifesta abilità particolari nello sport e nelle attività di gioco. Frequentemente è abbastanza popolare soprattutto tra i più piccoli che lo considerato un modello di potere e di forza. I *bulli gregari* costituiscono un gruppetto di due o tre persone che assumono il ruolo di sobillatori o seguaci del bullo dominante. Di solito non agiscono ma eseguono gli "ordini" del "capo". Si tratta di soggetti ansiosi, insicuri, con scarso rendimento scolastico, e che a volte sono in grado a mettersi nei panni della vittima.

2. **Le vittime** rientrano in due categorie: passiva/sottomessa e provocatrice. *La vittima passiva/sottomessa* è un soggetto debole, tendenzialmente isolato e incapace di difendersi. Mostra spesso ansia e insicurezza e ha uno scarso senso di autoefficacia perché ha qualche difficoltà nel rendimento scolastico e di solito è poco abile nelle attività sportive e di gioco e quindi tende a essere emarginato. Non parla con nessuno delle sofferenze e dei torti subiti e tende ad autocolpevolizzarsi. La *vittima provocatrice* invece contrattacca le azioni aggressive dell'altro anche se in maniera poco efficace. Quindi si tratta di un soggetto che subisce e agisce le prepotenze. Si tratta in genere di un maschio irrequieto, a volte goffo e immaturo. Assume comportamenti e atteggiamenti che causano tensione nei compagni in generale e a volte anche negli adulti, provocando delle reazioni negative a proprio danno.

3. **Gli spettatori.** Si tratta di bambini e ragazzi che assistono alle prevaricazioni o ne sono a conoscenza e che con il loro comportamento possono favorire o frenare il dilagare del fenomeno. "Il bullismo è quindi un fenomeno di gruppo che coinvolge la totalità dei soggetti, che possono assumere diversi ruoli: sostenendo il bullo, difendendo la vittima o mantenendosi neutrali".

(http://www.carabinieri.it/Internet/Cittadino/Consigli/Tematici/Questioni+di+vita/Il+bullismo)

SCHEDA OPERATIVA

## SEI L'ESPERTO, RISPONDI!

*Fai parte della redazione della rivista, devi dare a Biagio una breve risposta che sarà pubblicata sul prossimo numero. Individua, nella scheda di approfondimento* ***Cyber bullismo cos'è e come difendersi****, le informazioni che pensi possano esserti utili per dare a Biagio qualche suggerimento su come far fronte al problema.*

.................................................................................................................................

.................................................................................................................................

.................................................................................................................................

.................................................................................................................................

DISCUTINE CON L'INSEGNANTE

*Perché è importante contrastare il bullismo? Discutine con l'insegnante prendendo spunto anche dagli interrogativi posti da Smontailbullo, che da anni conduce una battaglia nazionale contro il bullismo.*

### Perché il bullismo fa male a coloro che lo subiscono?

Le vittime del bullismo hanno paura, si sentono soli, sbagliati, umiliati, indifesi. Soprattutto se sono adolescenti si vergognano a chiedere aiuto fino a quando la sofferenza non è già troppo grande ed è più difficile aiutarli. Più avanti, in età adulta, possono sentirsi a disagio nelle relazioni con gli altri, soffrire di depressione e sentirsi sempre potenzialmente "vittime".

### Perché il bullismo fa male a quelli che lo compiono?

I bulli si illudono di risolvere con la prepotenza tutti i problemi che incontrano e non si mostrano agli altri per come sono realmente, con capacità e debolezze. Scambiano la paura degli altri per rispetto e approvazione.

Si costringono a reggere il personaggio del "duro" anche quando non ne hanno voglia, perché non possono perdere la faccia. Da grandi rischiano più degli altri di avere problemi con la giustizia. Uno studio scandinavo condotto da Dan Olweus, uno dei maggiori studiosi europei di bullismo, mostra che il 60% dei "bulli" tra la V elementare e la III media, all'età di 24 anni era stato in prigione almeno una volta.

### Perché il bullismo fa male a coloro che assistono senza fare niente?

Alcuni di coloro che assistono e non intervengono diventano amici del prepotente per non avere problemi, altri hanno paura di essere presi di mira in futuro. Tutti insieme imparano a "farsi i fatti propri", pensando che non si può contare sull'aiuto di nessuno perché vince sempre il più forte. Con la *legge della giungla* tutti possono essere vittime, perché ognuno ha dei punti deboli e può essere preso di mira dagli altri.

### Perché la violenza crea violenza, la vessazione genera vessazione?

Se il bullismo dura a lungo può darsi che, presto o tardi, la vittima esploda con una reazione estrema e apparentemente eccessiva. Può farlo verso chi la sta vessando o verso altre persone, più deboli di lei. Molti "bulli" sono stati "vittime" in passato. Soprattutto se, quando erano in difficoltà, non si sono sentiti ascoltati e sostenuti da nessuno. (www.smontailbullo.it)

## LA PAROLA A CHI SCRIVE PER MESTIERE

*Abbiamo visto che il cyber bullismo può essere anche più feroce del tradizionale bullismo perché non ha limiti temporali, può colpire la vittima in qualsiasi momento, anche tra le pareti domestiche. Ma la rete non cattura solo le vittime, può anche essere un'opportunità in un momento difficile. È quello che è accaduto a Marco che si ritrova trapiantato in una nuova città, senza amici, senza punti di riferimento, e deve fronteggiare, il primo giorno di scuola, Francesco, un compagno di scuola che fa il gradasso. Per fortuna c'è la rete: un misterioso Xorro ha ripreso tutto e lo ha diffuso. Il video è presto condiviso e, con una valanga di* mi piace, *tutti esprimono solidarietà a Marco che diventa così molto popolare.*

***Amici virtu@li*** *di David Conati, pag. 212.*

## PER SAPERNE DI PIÙ

*Vai sul sito http://www.sicurinrete.it/superkids/ e un bellissimo cartone animato coprodotto da* Save the Children *e dalla Commissione Europea,* ***Gaetano storie di ordinario cyberbullismo****, ti racconterà la storia di Gaetano, una vittima del cyber bullismo. Gaetano ti porrà dei quesiti, tu avrai la possibilità di scegliere la risposta che ritieni giusta, e poi potrai verificare quali conseguenze comporta una scelta piuttosto che un'altra.*

*Sul sito http://www.smontailbullo.it potrai inoltre trovare molte altre informazioni per comprendere meglio questo fenomeno.*

*Il Ministero dell'Istruzione, dell'Università e della Ricerca ha istituito un* ***numero verde 800 66 96 96****, attivo dal lunedì al venerdì, dalle 10 alle 13 e dalle 14 alle 19, a cui rispondono operatori specializzati come psicologi, insegnanti e personale del Ministero. Il numero verde è stato attivato per:*

- *segnalare casi;*
- *domandare informazioni generali;*
- *chiedere come comportarsi in situazioni critiche;*
- *ricevere sostegno.*

## BULLISMO E LEGGE DEL BRANCO FILMOGRAFIA

***I ragazzi della 56ma stada****, Francis Ford Coppola, 1983*
***La forza del singolo****, John G. Avildsen, 1992*
***Fuga dalla scuola media****, Todd Solondz, 1996*
***Un ponte per Terabithia****, Gábor Csupó, 2007*
***Certi bambini****, Andrea e Antonio Frazzi, 2004*
***Il primo giorno d'inverno****, Mirko Locatelli, 2008*
***Jimmy Grimble****, John Hay, 2000*
***Nient'altro che noi****, Angelo Antonucci,2009*

SECONDA SEZIONE
La parola a chi scrive per mestiere

# CRESCERE, CHE FATICA

## IL TIMIDONE

*Il giornalista Massimo Gramellini ha raccolto nel suo libro "Cuori allo specchio" le lettere che adolescenti e adulti hanno inviato, nell'arco di dieci anni, alla Posta del cuore, la rubrica da lui curata per il settimanale "Specchio". Leggi la lettera del timido Maciste e la risposta che Gramellini gli dà per aiutarlo a risolvere il suo problema.*

Sono un ragazzo di 18 anni, non bellissimo ma nemmeno brutto, media intelligenza, media cultura, timido, sensibile, introverso, il mio guaio è la mia assoluta, ti dico assoluta, incapacità di avere un approccio normale con le ragazze.

L'episodio che ha fatto destare questo problema è avvenuto l'estate scorsa, in vacanza con gli amici. Mentre eravamo in discoteca, loro attaccavano discorso con le ragazze che, divertite, stavano al gioco; solo io, pur sentendomi rodere dentro, non riuscivo a trovare il coraggio per imitarli.

Quando vedo una tipa interessante, dentro di me si scatena un aspro conflitto fra Ragione, Quieto Vivere e Timidezza e, dall'altra parte, Istinto, Cuore e Ormoni.

Alla fine, in questa giostra, prevalgono sempre i primi tre "campioni" e io non riesco a darmi pace.

Un altro motivo per cui non so propormi alle ragazze è la Paura del Rifiuto: tutte le volte che mi prefiggo di avvicinarne una, c'è come un demone che mi ronza in testa e mi dice: "Lascia perdere! Tanto è inutile e ti renderai solo ridicolo". E io, inevitabilmente, gli do ascolto.

Aiutami. Non voglio passare tutta la giovinezza da solo o con il "branco" e ritrovarmi poi all'improvviso sposato con una donna che non amo davvero, in compagnia del rimpianto di ciò che poteva essere e non è mai stato.

Maciste.

**RISPOSTA**

Il tuo soprannome (è un soprannome, vero?) offre ampie garanzie di auto-ironia, quindi non ti offenderai se cercherò di darti qualche consiglio serio in tono scherzoso.

L'abbordaggio è un dono di natura. Me ne accorsi durante le prime feste dell'adolescenza. Un'attenta analisi del film di riferimento dell'epoca, La febbre del sabato sera, mi aveva condotto alla conclusione che per fare colpo sulle "prede" fosse necessario: A) ballare da solo in mezzo alla pista con movenze animalesche, dimenando le mani e la testa (all'epoca assai capelluta); B) manifestare un interesse smodato per le ragazzine di cui non mi importava niente e ignorare l'unica che mi piaceva, in modo da accrescere la sensazione di inafferrabilità che costituisce, così almeno credevo, la premessa di ogni conquista; C) sublimare i punti A) e B) andando a dimenarmi nei paraggi della ragazzina che mi piaceva, ma avendo cura di voltarle le spalle oppure di guardare verso un punto imprecisato del muro.

I risultati si rivelarono abbastanza insoddisfacenti. Lungi dal disperarsi per il mio disinteresse così ostentato, la fanciulla sembrava farsene rapidamente una ragione, flirtando con altri ragazzi che invece di ignorarla si chinavano sulle sue orecchie per depositarvi parole misteriose.

Questo contrattempo determinò un cambio spericolato di tattica. Anch'io avrei usato l'arma della parola. Già, ma cosa bisogna dire a una ragazza che conosci appena, affinché capisca che tu sei l'uomo dei suoi sogni?

Il dilemma occupò nottate intere di riunioni segretissime fra me e me. Libri, film e cugini furono interpellati sulla vicenda e alla fine la stima che già allora nutrivo per il sesso femminile mi indusse a scegliere l'abbordaggio "alto": dopo danze di avvicinamento non semplicissime, che a volte duravano due o tre feste, mi accostavo alla fortunata vincitrice del mio cuore e le attaccavo una verbosissima sfuriata su un disco di rock duro o una terrificante pellicola d'avanguardia.

Stranamente, anziché saltarmi al collo e sussurrarmi: "Portami via con te", lei si girava dall'altra parte mettendosi a parlare con qualcun altro.

Mi diedi allora allo spionaggio per captare le frasi che dicevano questi benedetti "altri", ma erano tutte così banali: "Dove abiti?" "Conosci il tale?" "È la prima volta che vieni qui?". Sembrava incredibile che la mia Musa potesse interessarsi a simili fesserie. Invece poteva, eccome. E si divertiva pure.

La mia stima verso il genere femminile crollò. Un tipo che abbordava le donne per strada limitandosi a chiedere l'ora, mi spiegò che all'inizio non conta quello che dici, ma il modo in cui lo fai: rilassato, sorridente, deciso. Le donne, disse, sono molto più svelte, perché ascoltano coi cinque sensi invece che con uno solo, come noi. E non percepiscono la tua volontà dalle parole che pronunci, ma dall'energia che emani. Così cominciai a chiedere anch'io l'ora a tutte le ragazze e ad accompagnare la domanda con risate e strizzatine d'occhio.

Si ritraevano orripilate, prendendomi per un deficiente.

Entrai in una fase di mutismo sdegnato. Riuscii persino a leggere Jacopo Ortis di Ugo Foscolo, riconoscendomi appieno nel personaggio. Finché, a una festa in cui me ne stavo appartato nella mia offesa solitudine, una ragazza carina mi chiese dove abitavo.

Mi parve una domanda assolutamente geniale. Alla paura del rifiuto subentrò allora quella dell'azione. Come avrei dovuto comportarmi se lei ci fosse stata davvero? La lingua era meglio restasse parcheggiata nel suo alveo naturale, oppure avrebbe dovuto inoltrarsi verso antri sconosciuti, come avevo sperimentato nel corso di estenuanti baci di allenamento con un bicchiere?

Quando sarai arrivato a questo punto, riscrivimi, e ti rivelerò in che maniera risolsi la questione. Nel frattempo cerca di superare la prima parte del programma. È un lavoro duro, ma ce la puoi fare.

MASSIMO GRAMELLINI, *Cuori allo specchio*, Feltrinelli 2012

# TIMIDEZZA

*Ironico, scherzoso e divertente il racconto di Silvana Gandolfi. Alessio, il protagonista del racconto, è un timido alla ricerca di soluzioni efficaci per risolvere il suo problema: Beatrice. L'incipit è brillante, già dalle prime battute la scrittrice rompe gli schemi: Alessio non è il solito timido musone e un po' imbranato, ma un ragazzo vivace, spiritoso e capace anche di auto ironia. A una festa, grazie a uno scherzo, che prevedeva anche il gioco della verità, capisce che Beatrice non ama le persone che sgomitano per farsi notare, quelle che hanno un Ego strabordante e che su un'isola deserta lei porterebbe una persona schiva, da scoprire. Sente di essere quella persona.*

Farò così. Entro nell'appartamento, saluto tutti, consegno il regalo al festeggiato, sto due minuti, quindi annuncio a voce alta: "Scusate, non posso restare mia nonna è entrata in coma..."

Non va: Giovanni, il festeggiato, scoprirebbe domani stesso che non è vero. È mio cugino.[...]

Be', una scusa per andarmene presto dalla festa la troverò. Il regalo per mio cugino l'ho già comprato: un CD, assordante e minaccioso. Una band nuova e demenziale. Me l'ha consigliato il tipo del centro commerciale. Io non sapevo cosa prendere. Sono rimasto ai Beatles.

Come vestirsi? Vada per il gilè di velluto verde e i jeans neri. Non è che siano il massimo, ma non possiedo niente di più elegante. Il mio obiettivo non è che mi notino tutti: a me basta che sia Beatrice ad accorgersi di me. Che mi guardi con interesse, improvvisamente vogliosa di penetrare i segreti della mia amina celati da una maschera di impassibilità (maschera che sono in grado di sostenere per circa nove secondi, non uno di più).

Beatrice è la più bella ragazza della terza D, la mia classe. Tutti i maschi, sfigati e no, se la bevono con gli occhi. È bionda, come devono essere tutte le Beatrici della Terra, e ha due occhi celesti come laghi di montagna. Non grassa ma neppure magra, si trucca poco e ha un viso tondo e placido, un po' da contadina olandese.

Io finora, a Beatrice ho detto le seguenti frasi:

– Scusa Bea, mi presti il tuo dizionario?

– Sai che ore sono?

– Tu preferisci Dostoevskij o Tolstoj?

Domanda che l'ha fatta scoppiare in una risatina. Subito dopo si è ricomposta per chiedermi:

– Non so. E a te Alessio, piace di più *Harry Potter* o il *Diario di una schiappa*?

«Ehm ...sì, cioè, scusa, non li ho ancora letti; me li consigli? »

Ecco com'è la mia diletta: a tredici anni non si vergogna delle sue letture infantili, anzi. Le Beatrici sono tutte così; creature candide che camminano lievi sulla Terra. Non vanno in giro a vantarsi della propria cultura (cosa che io sarei portato a fare più spesso di quanto faccio). Pur sembrando irraggiungibili, le Beatrici sono capaci di grandi slanci, una volta trovato il soggetto giusto su cui riversare l'affetto del loro cuore. È l'intuito che me lo dice.

Altre mie frasi rivoltele nell'anno scolastico:

– Che caldo!

– Scusa Beatrice, hai un kleenex?

La mia frase più coraggiosa:

– Se vuoi posso aiutarti con la matematica. Dopo la scuola. Ehm. Se ti va.

La risposta di Beatrice:

– Ce la faccio da sola – aveva chiuso l'argomento.

Qui finisce l'elenco delle *frasi* rivolte a Beatrice.

Invece l'*azione* più coraggiosa indirizzata alla mia prescelta è stata la poesia che le ho fatto avere pochi giorni fa. Su un cartoncino satinato grigio perla che pareva sporcarsi solo a guardarlo, comprato per l'occasione e costato più di tre cornetti al bar, ho scritto in stampatello:

COME INSETTO POSATO SUL TUO QUADERNO
INVISIBILE A TUTTI TRANNE CHE A ME STESSO
VORREI SOSTARE
E GIOIRE DEL TUO VOLTO ASSORTO E PALLIDO
CHINO SU DI ME.

Quasi un *haiku*. Quasi perché negli *haiku* non ci dev'essere l'Io; è una regola tassativa. Invece io l'Io ce l'ho messo eccome. Mi sono piazzato proprio al centro, manco fossi il Sole.

Ovviamente non l'ho firmato (ovviamente per come sono fatto: molta cultura, poca grinta), ma siccome nel cartoncino restava troppo spazio vuoto in alto, per ragioni di estetica ho aggiunto lì per lì questo titolo:

VORREI ESSERE INVISIBILE.

Mentre tutti erano in cortile per la ricreazione, sono riuscito a infilare il cartoncino grigio perla nel quaderno di matematica di Beatrice. Da quell'istante ho tralasciato ogni altro impegno per poterla spiare. Avrà capito chi è stato? Lo sospetta? Per non farmi scoprire ho fatto finta di ignorarla. Così ho sperimentato in prima persona che spiare e ignorare in contemporanea è un'arte che richiede grandi sforzi e acrobatici esercizi coi bulbi degli occhi.[...]

Dunque la festa. Ero rimasto al gilè e ai jeans neri. Sopra il giubbotto. L'unico che possiedo. Le scarpe: quelle da ginnastica. Credo che vadano sempre bene, anche per andarci a letto, così malgrado io sappia che gli scarponi da militare sarebbero fichissimi per una festa, me le faccio bastare. Arrivato al portone di mio cugino, mi piomba addosso la classica domanda: non sarò il primo?

Indugio. Suono. Viene ad aprirmi una ragazza che non conosco.

– Ciao – dice.

– Ciao.

Fine dei saluti.

Alle feste la gente non la tira per le lunghe. Entro. Altro che primo! Tre passi e sono già al centro della baraonda. Mi guardo intorno alla ricerca di Beatrice. Non la vedo. Seduto sul divano scorgo Giovanni che si sta dondolando al ritmo di una musica che è ancora più assordante di quella che gli ho portato io.

Giovanni si considera un artista. Quel che piace di più a mio cugino è trafficare con oggetti rotti che trasforma in altre cose, vecchi orologi che diventano vasi da fiori, quadri fatti di chiodi e lacci per scarpe. Roba così. La sua stanza è piena di questi capolavori.

Mi avvicino.

– C'è da bere? Bella festa. Tieni, ehm. Ciao. Buon compleanno.

Giovanni ha preso il pacchetto. Ha dato un'occhiata al Cd e ha borbottato:

– Fichissimo! Grazie.

Giovanni *fichissimo* lo dice sempre quando vuole essere cortese. Quando qualcosa gli piace sul serio, sottolinea l'entusiasmo con una parolaccia.

Usando la massima disinvoltura di cui sono capace perlustro la sala con gli occhi. Non vedo Beatrice. Arriverà. Incomincio a salutare chi conosco. In pratica mi esce di bocca una sparatoria di "Ciao!". Uno più entusiasta dell'altro. Poi mi fermo di botto. Non sono del tutto certo che bisogni urlare ciao a tutti i presenti, individualmente. Oltretutto è stancante, così mi ritiro in un angolo vicino al buffet. Tutti parlano o ballano o si danno spintoni o cazzeggiano o si sbaciucchiano (pochi). Io sto in piedi e, per tenermi occupato, afferro un bicchiere di coca-cola. Acchiappo mezzo etto di patatine fritte e me le ficco in bocca.

Afferro, mastico e guardo. Afferro, mastico e guardo.

Ed eccola. È arrivata. Una visione. Fresca. Snella. Bionda. Top nero. Pancino scoperto, capelli a zazzera (tutte le Beatrici sono bionde con occhi azzurri ma non è detto che tutte abbiano i capelli lunghi). Minigonna di pelle rossa che le arriva venti centimetri sopra le ginocchia. Gambe scattanti, sandali argentati con tacco. Ma chi le crea delle ginocchia così rotonde. Ve lo siete mai chiesto? Io sì, parecchie volte.

Me ne sto lì, mastico patatine e penso alla forma perfetta delle rotule di Beatrice.

D'un tratto ho l'impressione che tutti mi stiano fissando, chi direttamente, chi di sottecchi, chi sogghignando.

Smetto di masticare. Ora il mio viso è serio. Non smarrito, serio e basta. E poi Beatrice, si proprio lei, pancino nudo e minigonna rossa, mi viene incontro.

Non le dico nemmeno ciao perché ho la bocca piena. Ma ciao me lo dice lei, aggiungendo che ho una marea di patatine sbriciolate sul mento, sul labbro e sotto il naso. E qualcuna nel collo.

Vorrei diventare invisibile. All'istante. Cederei dieci anni della mia vita. Gli ultimi dieci; diciamo quelli fra gli ottanta e i novanta.

Beatrice mi sorride.

La dolcezza di quel sorriso mitiga molto il mio imbarazzo. Perciò sorrido anche io.

Lei mi toglie il bicchiere da una mano, mi apre l'altra per far cadere sul pavimento il resto delle patatine, mi aiuta a scuoterle via dal palmo, dal viso, dal collo, e intanto mi sussurra all'orecchio:

– Guarda, lì c'è un bagno con lo specchio. Puoi lavarti la faccia.

E mi indica con la mano la porta.

Mai finora Beatrice mi ha bisbigliato qualcosa all'orecchio.[…]

Il cuore mi batte all'impazzata. Bea, bea, mia regina.

SILVANA GANDOLFI, *Timidezza*, da AA.VV., *Parole fuori*, Il Castoro 2013

# IL PARADISO NON È UN GRANCHÉ

*Arisa si racconta, parla del suo cammino verso il successo, che poi alla fine dei conti definisce "non un gran che", ma parla anche delle sue paure, delle battaglie, delle sconfitte. Nel romanzo autobiografico, Arisa ci mostra le sue due facce: Marisa, la ragazza semplice che viene da San Giovanni sul Monte in provincia di Cosenza; Penelope, l'altra faccia di Marisa, quella ipercritica e distruttiva, quella che anche nella scalata al successo ogni tanto fa sentire la sua voce sempre negativa. Gli stralci che ti proponiamo raccontano proprio di Penelope e degli sforzi che la protagonista Marisa fa per riuscire a "domare" questa parte di sé negativa e autodistruttiva.*

Penelope mi guarda mentre mi guardo allo specchio, mangia tutto ciò che mangio io e spesso mi rimprovera perché mi trova grassa. Ascolta tutto ciò che dico e commenta con fare severo ogni mio gesto. Non è una mia amica.

È da tutta la vita che cerco di mandarla via, ma lei proprio non vuole abbandonarmi... Quando le urlo contro sparisce per qualche ora, ma poi ritorna con gli occhi bassi come se volesse chiedermi scusa, allora io le tendo le braccia per riprenderla con me, ma lei mi morde, m'infligge lividi e mi percuote il capo con schiaffi e pugni risonanti...

Vuole che le cammini di fianco, sempre alla stessa distanza... i nostri passi hanno sempre la stessa cadenza e andiamo sempre nella stessa direzione. Parliamo tanto, ma solo e sempre di me... di ciò che sbaglio, di ciò che avrei potuto fare e non ho fatto, di ciò che non avrei mai dovuto fare, eppure ho fatto!

"E adesso che si fa, cara Penelope?" le chiedo ogni tanto. Lei non aspetta altro, mi riduce come uno straccio facendosi beffe di me, come se le avessi ammazzato la madre o le avessi violentato una figlia... con la stessa veemenza di un cane affamato a digiuno da settimane, che ti si scaglia contro per finirti. [...]

La mia è una lotta interminabile con ciò che sono e tutto quello che vorrei essere, la lotta infinita tra quello che è giusto perché me l'hanno insegnato, e quello che è sbagliato perché deriva solo dal mio istinto, dalla mia continua persecuzione posta a giudizio, nel bene e nel male... dalla mia Penelope, che mi spinge verso orizzonti che non avrei mai osato varcare, se non l'avessi incontrata, mai, neanche col pensiero. [...]

Penelope si chiama Penelope perché l'ho chiamata io così... è un nome che mi fa pensare a quella goccia d'acqua che cadendo in maniera continua e costante consuma la roccia, quando lei è arrivata nella mia vita io ero una piccola roccia, o forse un sassolino di fiume, che lasciandosi cullare dal tepore delle onde in uno stato di grazia simile a quello che si vive in primavera, rimane incurante di tutto il resto... lei mi ha piegata al suo volere, mi ha scalfita e posseduta, rendendomi succube dei suoi sbalzi d'umore, delle sue ipocondrie, delle sue sottili cattiverie. [...]

Quando provo a essere lucida, mi dico che è stata la mia necessità di aver qualcuno accanto a crearla, in quei pomeriggi in camera mia a soffrire perché inadeguata, sempre con la sensazione di non farcela, di non essere all'altezza della situazione. Mi diceva che ero brutta ma, contemporaneamente, mi spronava a tirarmi in piedi e a darmi da fare per dimostrare che non lo ero; mi umiliava facendomi sentire diversa e, nel medesimo istante, mi mostrava che potevo ricominciare altrove, bastava trovare un po' di coraggio. Non che mi facesse coraggio, questo no: ero io che spontaneamente cercavo di ribellarmi perché soffocata dalla sua anima nera. [...]

Per diversi mesi Penelope è stata altrove. Credo di sapere perché: io e lei parliamo sempre di me, non c'è altro argomento. C'è una claustrofobia di fondo nel nostro rapporto, un odore di chiuso, come se non si aprisse mai la finestra. Lei mi ha dato tregua e io ho alzato finalmente lo sguardo: sugli altri, su vite diverse dalla mia, su luoghi che non mi ricordano nulla, senza collegamenti con il mio passato. Un insieme di emozioni che ho fatto mie, con il faro ben indirizzato all'esterno, fuori da me. Una tregua che mi ha dato forza. [...]

Da qualche giorno risento la sua voce, mi parla sottovoce, come una vecchia conoscenza che non sia più sicura del suo ruolo, quale approccio scegliere per farsi ascoltare. Forse perché intimidita dal fatto che ho smesso di temerla. Mi dice di tornare.

– Torna, Marisa, torna.

– E torniamo allora – le dico.

Ma questa volta nella mia voce non avverto alcuna paura.

ARISA, *Il paradiso non è un granché. Storia di un motivetto orecchiabile*, Mondadori 2012

# LA PICCOLA DONNA

*La lettera di questa quindicenne a Gramellini fa riflettere sul disagio di chi si sente diverso perché non è come gli altri. Ma quello che la piccola donna percepisce come suo limite è per lo scrittore un pregio, un tesoro da custodire e coltivare: la non omologazione.*

Quindici anni, troppo piccola ma sempre troppo grande.

Troppo piccola per essere considerata matura, per essere presa in considerazione ed esprimere le mie opinioni. Troppo grande per lottare col mio fratellino, per guardare programmi stupidi alla tv. E io finisco per spegnermi, per perdere la voglia di sorridere.

Simpatica, divertente, timida (per entrare in un negozio devo prepararmi psicologicamente 10 minuti prima) e con forti dubbi esteriori. Le amiche di mamma mi lusingano (e io muoio di vergogna), con assurdi complimenti ("ti stai facendo proprio carina"), quando i miei coetanei non mi calcolano di striscio.

Che storia!

Sono uguale agli altri, ma (le assicuro) totalmente diversa! Diversa perché non fumo (non devo sentirmi più grande), mi trucco in rare occasioni (un ombretto lieve lieve), non vado in giro a chiedere ai ragazzi se vogliono farsi una "storia" (che schifo di parola), non mi "mostro" ai professori per compiacerli e non credo che la superbia sia una virtù. Diversa perché se voglio la pace, la creo, anche non manifestando per bigiare scuola. Magari evitando di insultare apertamente compagni in difficoltà. E diversa (perché no!) per non aver fatto ancora sesso e per non volerlo neppure mai fare: io voglio fare l'amore.

Ma diversa anche perché ho paura, paura di come sono, di come sarò. Mi sposerò? Avrò figli? Saranno sani? Mi piacerò? Avrò ancora amici? Insomma, ho una mente bella incasinata... e finisco per reprimere la mia personalità: sono solare, vivace, unica e speciale, ma mi guardo e mi vedo egoista, grassa, gobba e con qualche capello bianco. Poi passo un bel pomeriggio e subito mi vergogno di essere stata tanto superficiale nel giudicarmi. E ora mi chiedo disperata cosa sto facendo, perché racconto me stessa a uno sconosciuto... Forse ne rimarrà colpito e vorrà pubblicarla per arrivare al cuore dei diversi come me, che ne saranno confortati, o per rendermi fiera per la prima volta in vita mia, facendomi capire che non basta volere una cosa, ma bisogna lottare per raggiungerla. E io lo farò!

**RISPOSTA**

Libertà. Fortuna che esisti, Libertà. Perché la tv, il cinema e le riviste ti davano per dispersa. Parlano solo di adolescenti guerrigliere, allupate e perverse. E lo fanno con un'insistenza che non dispiace ai pubblicitari, sempre a caccia di nuove fasce di mercato, e nemmeno ai guardoni, sempre a caccia e basta.

Pare che l'idealismo, la confusione e l'insicurezza che accompagnano da sempre la prima adolescenza siano scomparsi di colpo. Sarà. Ma io continuo a ricevere lettere come la tua. Di ragazzine che scrivono poesie e poi le nascondono per pudore sotto il letto. Che sognano di non fare sesso, ma l'amore. Che stanno da sole, perché di ogni gruppo temono istintivamente i conformismi, ma restano umane e perciò divorate dal desiderio di piacere anche a coloro a cui non vogliono aggregarsi. Certo, ne esistono tante altre che procedono in branco ridendo di niente, si truccano come bambole e s'identificano nell'ultima pupattola di plastica sfornata dal mercato dei sogni patinati. (...)

Ti dico queste cose, perché se nei film e sulle copertine delle riviste finissero le ragazze come te (o come quell'altra giovanissima lettrice che a furia di ruminar pensieri si è convinta di avere "una mucca nel cervello"), a guadagnarci sarebbe innanzitutto il buon gusto. E voi vi sentireste finalmente riconosciute da un mondo adulto che sembra aver dimenticato le angosce che provava alla vostra età e trova più comodo imprestarvi le proprie.

Non ho grandi consigli da darti, perché il più bello te lo sei già dato da sola: i successi che contano sono quelli che ti costruisci con le tue forze. Ma attenta: anche l'anticonformismo perenne è una forma di conformismo. La più sottile, dato che quelli che per partito preso non vogliono mai assomigliare agli altri finiscono poi per assomigliarsi tutti fra loro.

Non compiangerti e non sentirti "diversa". Tu non sei diversa. Sei unica. Nel bene e nel male. Coccola il tuo bene, sopporta il tuo male. E ringrazia sempre di essere come sei. Persino quando esserlo significherà soffrire con un'intensità superiore a quella di qualcun altro.

MASSIMO GRAMELLINI, *Cuori allo specchio*, Feltrinelli 2012

# L'AMICIZIA

*L'amicizia: come si manifesta questo misterioso miracolo? Questa armonia che si crea tra due persone che possono ridere per un niente o stare in silenzio senza imbarazzo? Questo sentirsi simili, compresi, ascoltati che rende tutto eccezionale? L'autrice ci racconta questa magia con il suo particolare stile narrativo: semplice, ma mai banale o scontato.*

Potremo mai piacere noi a questa razza diversa, noi che siamo così disprezzati dai compagni del nostro stesso sesso, giudicati così noiosi e da nulla, così inetti e goffi in ogni cosa?

Succede poi un giorno che il più ammirato, il più stimato fra tutti i compagni di scuola, il primo della classe, si lega a un tratto di amicizia con noi. Come sia accaduto, non sappiamo: ha posato su di noi a un tratto il suo sguardo azzurro, ci ha accompagnato fino a casa un giorno e si è messo a stimarci. Il pomeriggio, viene da noi a fare i compiti: abbiamo fra le mani il prezioso quaderno del primo della classe, scritto nella sua bella calligrafia aguzza, in inchiostro azzurro: possiamo copiare il suo compito, che è tutto senza errori. Come ci è toccata una simile felicità? Come l'abbiamo conquistato, questo compagno così superbo con tutti, così difficile da avvicinare? Adesso si aggira fra le pareti della nostra stanza, scrollando accanto a noi la sua criniera fulva, tendendo ai noti oggetti della nostra stanza il suo profilo aguzzo, disseminato di lentiggini rosee: a noi sembra che un raro animale dei tropici sia venuto, miracolosamente addomesticato, fra le pareti di casa nostra. Si aggira per la nostra stanza, ci chiede la provenienza degli oggetti, ci chiede in prestito qualche libro: fa merenda con noi, sputa con noi i noccioli delle prugne giù dalla terrazza. Noi che eravamo disprezzati da tutti, siamo stati prescelti dal più inarrivabile, dal più insperato compagno. Perché non si annoi in nostra compagnia e non ci lasci per sempre, convulsamente gli parliamo: buttiamo fuori tutto quel che sappiamo di parole sconce, di film e di sport. Rimasti soli, ripetiamo insaziabilmente le sillabe del suo bel nome sonoro; e prepariamo mille discorsi da fargli domani: pazzi di gioia, prendiamo a immaginarlo in tutto simile a noi: l'indomani, ci proviamo a fare con lui quei discorsi che avevamo pensato, gli raccontiamo tutto di noi, perfino i nostri vertiginosi sospetti che non esistano gli uomini né le cose: lui ci guarda sconcertato, ridacchia, ci canzona un po'. Allora ci rendiamo conto che abbiamo sbagliato, che di questo con lui non si può parlare: ripieghiamo sulle parole sconce e gli sport.

Intanto a scuola, la nostra situazione è cambiata di colpo: tutti si mettono a stimarci, vedendoci altamente stimati dal più stimato fra i compagni; adesso, le strofette comiche che abbiamo scritto e che recitiamo sono accolte con applausi e alte strida; la nostra voce prima non riusciva a farsi udire nel frastuono delle voci, adesso si tace in ascolto quando noi parliamo; adesso ci fanno delle domande, ci tengono a braccetto, ci aiutano nelle cose in cui siamo meno abili, negli sport o nei compiti che non sappiamo fare. Il mondo non ci appare più come una mostruosa macchinazione, ma come un'isoletta semplice e ridente, popolata di amici: di un così fortunato mutamento nella nostra sorte, noi non ringraziamo Dio perché adesso a Dio non pensiamo: ci sembra impossibile pensare a qualcosa che non sia i visi dei nostri compagni festosi intorno a noi, il fluire facile e lieto delle mattinate, le frasi buffe che abbiamo detto e che hanno fatto ridere; e il nostro stesso viso nello specchio non è più qualcosa di tetro e d'informe, è il viso che i nostri compagni salutano allegramente al mattino. Sorretti così dall'amicizia dei compagni del nostro stesso sesso, noi guardiamo l'altra razza, le persone di un sesso diverso dal nostro, con meno orrore: ci sembra quasi che potremo facilmente fare a meno di questa razza diversa, esser felici anche senza la sua approvazione: quasi desideriamo di trascorrere la nostra vita intera in mezzo a questi nostri compagni di scuola, a dire frasi buffe e a farli ridere.

Poi a poco a poco, in mezzo alla folla di questi compagni, ne scopriamo uno che è particolarmente contento di stare con noi, e al quale ci accorgiamo d'avere infinite cose da dire. Non è il primo della classe, non è molto stimato dagli altri, non porta abiti vistosi: i suoi abiti sono però di un tessuto fine e caldo, simili a quelli che sceglie per noi nostra madre: e camminando con lui verso casa, ci accorgiamo che le sue scarpe sono identiche alle nostre, robuste e semplici, non vistose e leggere come quelle degli altri compagni: glielo facciamo notare ridendo. Scopriamo a poco a poco che in casa sua ci sono le stesse abitudini che in casa nostra: e che lui fa il bagno sovente, e sua madre non gli permette di andare a vedere i film d'amore come non lo permette a noi la nostra. È uno come noi: è uno della nostra stessa condizione sociale. Siamo ormai molto stufi della compagnia del primo della classe, che continua a venirci a trovare il pomeriggio: siamo ormai stufi di ripetere le solite parole sconce, e al primo della classe buttiamo addosso sdegnosamente i discorsi che ci interessano, i nostri dubbi sull'esistenza: così sdegnosamente e sbadatamente, e con superbia, che il primo della classe non ci capisce bene, ma sorride timido: vediamo sulle labbra del primo della classe un sorriso timido e vile: ha paura di perderci. Non più incantati dal suo sguardo azzurro, adesso accanto al primo della classe abbiamo voglia dei rotondi occhi color nocciola dell'altro compagno: e il primo della classe se ne rende conto e ne soffre, e noi siamo fieri di farlo soffrire: dunque siamo capaci anche noi di far soffrire qualcuno.

Col nostro nuovo amico dagli occhi rotondi, disprezziamo il primo della classe e gli altri compagni, così chiassosi e volgari, con tutte quelle parole sconce che ripetono sempre: noi adesso vogliamo essere molto distinti, col nostro nuovo amico valutiamo la gente e le cose dal punto di vista della distinzione e della volgarità. Scopriamo che è distinto restare ragazzi il più a lungo possibile: con grande sollievo di nostra madre, abbandoniamo tutto quello che avevamo insinuato di chiassoso e vistoso nel nostro vestire: nel vestire come nel contegno e nelle abitudini cerchiamo un'infantile semplicità. Passiamo pomeriggi straordinari col nuovo amico; non siamo mai sazi di parlare e ascoltare. Ripensiamo stupiti alla nostra breve amicizia col primo della classe, che ormai abbiamo smesso di frequentare: stare col primo della classe era così faticoso che alla fine ci sentivamo i muscoli del viso irrigiditi dallo sforzo di ridere falso, e un bruciore alle palpebre, un pizzicore alla pelle: era faticoso dover fingere malizia, inghiottire confidenze, scegliere di continuo fra le nostre parole quelle poche che potevano essere destinate al primo della classe; stare col nuovo amico è un benessere, non abbiamo niente da fingere né da inghiottire e lasciamo fluire libere le nostre parole. Anche gli confidiamo i nostri vertiginosi sospetti riguardo all'esistenza: e allora ci racconta stupito che ha gli stessi sospetti anche lui; "ma tu esisti?" chiediamo, e lui giura di esistere; e siamo infinitamente contenti.

NATALIA GINZBURG, *Le piccole virtù*, Einaudi 2005

# DIARIO DI SCUOLA

*Daniel Pennac, pseudonimo di Daniele Pennacchioni, famoso scrittore francese, racconta in questo romanzo autobiografico la propria esperienza di scolaro "somaro", e si chiede come sia mai potuta avvenire la metamorfosi che ha trasformato il somaro che era, in professore e poi in romanziere.*
*Lo scrittore ci parla anche della sua paura di non essere mai sufficientemente bravo, nonostante i suoi successi: il somaro che ha accompagnato la sua infanzia continua a farsi vivo di tanto in tanto nella sua vita adulta, mettendo in dubbio anche le sue capacità di scrittore.*
*L'insegnante Pennac indaga le angosce dei suoi studenti, i loro dubbi, il timore che hanno di non farcela, la paura di "non capire niente" e la conseguente rinuncia a capire. Parla del suo incontro fortunato con alcuni insegnanti che, nonostante tutto, hanno avuta fiducia nel somaro che era e gli hanno insegnato a credere in se stesso e nella sua capacità di narratore di storie. Ti proponiamo due estratti del libro. Nel primo, Pennac racconta le sue esperienze scolastiche, nel secondo, ci parla dei suoi studenti "somari".*

Insomma, andavo male a scuola. Ogni sera della mia infanzia tornavo a casa perseguitato dalla scuola. I miei voti sul diario dicevano la riprovazione dei miei maestri. Quando non ero l'ultimo della classe, ero il penultimo. (Evviva!)

Refrattario dapprima all'aritmetica, poi alla matematica, profondamente disortografico, poco incline alla memorizzazione delle date e alla localizzazione dei luoghi geografici, inadatto all'apprendimento delle lingue straniere, ritenuto pigro (lezioni non studiate, compiti non fatti), portavo a casa risultati pessimi che non erano riscattati né dalla musica, né dallo sport né peraltro da alcuna attività parascolastica.

"Capisci? Capisci o no quello che ti spiego?"

Non capivo. Questa inattitudine a capire aveva radici così lontane che la famiglia aveva immaginato una leggenda per datarne le origini: il mio apprendimento dell'alfabeto. Ho sempre sentito dire che mi ci era voluto un anno intero per imparare la lettera a. La lettera a, in un anno. Il deserto della mia ignoranza cominciava al di là dell'invalicabile b.

"Niente panico, tra ventisei anni padroneggerà perfettamente l'alfabeto". Così ironizzava mio padre per esorcizzare i suoi stessi timori.

Molti anni dopo, mentre ripetevo l'ultimo anno delle superiori inseguendo un diploma di maturità che si ostinava a sfuggirmi, farà questa battuta: "Non preoccuparti, anche per la maturità alla fine si acquisiscono degli automatismi...". O, nel settembre del 1968, quando ho avuto finalmente in tasca la mia laurea in lettere: "Ti ci è voluta una rivoluzione per la laurea, dobbiamo temere una guerra mondiale per il dottorato?". Detto senza alcuna particolare malignità. Era la nostra forma di complicità. Mio padre e io abbiamo optato molto presto per il sorriso.

Ma torniamo ai miei inizi. Ultimogenito di quattro fratelli, ero un caso a parte. I miei genitori non avevano avuto occasione di fare pratica con i miei fratelli maggiori, la cui carriera scolastica, seppur non eccezionalmente brillante, si era svolta senza intoppi.

Ero oggetto di stupore, e di stupore costante poiché gli anni passavano senza apportare il benché minimo miglioramento nel mio stato di ebetudine scolastica. "Mi cadono le braccia", "Non posso capacitarmi" sono per me esclamazioni familiari, associate a sguardi adulti in cui colgo un abisso di incredulità scavato dalla mia incapacità di assimilare alcunché.

A quanto pareva, tutti capivano più in fretta di me.

"Ma sei proprio duro di comprendonio!"

Un pomeriggio dell'anno della maturità (uno degli anni della maturità), mentre mio padre mi spiegava trigonometria nella stanza che fungeva da biblioteca, il nostro cane venne quatto quatto a mettersi sul letto dietro di noi. Appena individuato, fu seccamente mandato via: "Fila di là, cane, sulla tua poltrona!".

Cinque minuti dopo, il cane era di nuovo sul letto. Ma si era preso la briga di andare a recuperare la vecchia coperta che proteggeva la sua poltrona e vi si era steso sopra. Ammirazione generale, ovviamente, e giustificata: tanto di cappello a un animale in grado di associare un divieto all'idea astratta di pulizia e trarne la conclusione che occorresse farsi la cuccia per godere della compagnia dei padroni, con un vero e proprio ragionamento! Fu un argomento di conversazione che in famiglia durò per anni.

Personalmente, ne trassi l'insegnamento che anche il cane di casa afferrava più in fretta di me.

Credo di avergli bisbigliato all'orecchio: "Domani ci vai tu a scuola, leccaculo!"[....]

Eppure, esteriormente, pur non essendo agitato, ero un bambino vivace che amava giocare. Bravissimo alle biglie e agli aliossi, imbattibile a palla prigioniera, campione del mondo nelle battaglie di cuscini, amavo giocare. Piuttosto chiacchierone e ridanciano, diciamo pure burlone, mi facevo degli amici a tutti i livelli della classe, fra i somari, certo, ma anche fra le teste di serie – non avevo pregiudizi. Più di qualunque cosa, alcuni insegnanti mi rimproveravano questa allegria.

Oltre che negato, insolente. Il minimo della buona educazione, per un somaro, è essere discreto: nato morto sarebbe l'ideale. Ma la vitalità era vitale per me, se così si può dire. Il gioco mi salvava dall'amarezza che provavo non appena ripiombavo nella mia vergogna solitaria. Mio Dio, la solitudine del somaro nella vergogna di non fare mai quello che è giusto! E il desiderio di fuggire... Ho provato presto il desiderio di fuggire. Dove? Non è chiaro. Diciamo fuggire da me stesso, e tuttavia dentro di me. Ma in un io che fosse accettato dagli altri.

Devo probabilmente a questa voglia di fuggire gli strani ideogrammi che precedettero la mia grafia.

Invece di formare le lettere dell'alfabeto, disegnavo omini che scappavano sui margini e lì creavano delle bande. Eppure all'inizio mi applicavo, rifinivo le lettere meglio che potevo, ma pian piano le lettere si trasformavano in quegli esserini allegri e saltellanti che se ne andavano a folleggiare altrove, ideogrammi della mia sete di vivere. Ancora oggi uso questi omini quando firmo le copie dei miei libri. Rappresentano una risorsa preziosa per dare un taglio alle eleganti banalità che ci si sente in dovere di scrivere sulla pagina di guardia di quelle inviate alla stampa.

*Nello stralcio che segue, Daniel Pennac descrive, con ironia, ma senza alcun sarcasmo, l'incubo di uno studente "somaro".*

Seguiamo il nostro cattivo in una delle sue giornate scolastiche. Eccezionalmente, non è in ritardo – negli ultimi tempi le note sul diario l'hanno richiamato all'ordine fin troppo spesso – ma ha la cartella quasi vuota: libri, quaderni, materiale dimenticati per l'ennesima volta (il suo professore di musica scriverà simpaticamente sulla scheda di valutazione trimestrale: Mancanza di flauto).

Ovviamente non ha fatto i compiti. E alla prima ora c'è matematica, e gli esercizi di matematica sono fra quelli che mancano all'appello. In tal caso, tre ipotesi: o non ha fatto gli esercizi perché si è dedicato ad altro (un giro con gli amici, un qualsiasi videomassacro chiuso a chiave in camera sua...), oppure si è lasciato cadere fiaccamente sul letto, sfinito, ed è sprofondato nell'oblio, con un torrente di musica che gli urla nel cervello, oppure – ed è l'ipotesi più ottimistica – per una o due ore ha tentato valorosamente di fare gli esercizi, ma non ci è riuscito.

Nei tre casi, in mancanza di compiti il nostro esterno[1] deve fornire una giustificazione all'insegnante. E, nel caso specifico, la spiegazione più difficile da fornire è la verità pura e semplice: "Professore, professoressa, non ho fatto gli esercizi perché ho passato buona parte della notte a combattere i soldati del Male, che peraltro ho sterminato tutti fino all'ultimo, ve lo posso assicurare". "Professoressa, professore, mi dispiace di non aver fatto gli esercizi, ma ieri sera sono crollato nell'intontimento più assoluto, non riuscivo ad alzare un dito, solo la forza di infilarmi gli auricolari del lettore cd".

Qui la verità presenta l'inconveniente dell'ammissione "Non ho fatto gli esercizi" che implica una sanzione immediata.

Il nostro esterno preferirà una versione istituzionalmente più presentabile. Per esempio: "Siccome i miei genitori sono separati, ho dimenticato i compiti a casa di mio papà prima di tornare a casa della mamma". In altri termini, una bugia. Dal canto suo, il professore preferisce spesso questa verità ritoccata a una confessione troppo brutale che incrinerebbe la sua autorità. Lo scontro frontale è evitato, lo studente e l'insegnante trovano il loro tornaconto in questo passo a due diplomatico. Quanto al voto, la tariffa è nota: compito non consegnato uguale zero.

Il caso dell'esterno che ha tentato valorosamente ma invano di fare i compiti non è molto diverso. Anche lui entra in classe con una verità difficilmente accettabile: "Professore, ieri ho dedicato due ore a non fare i suoi compiti. No, no, non ho fatto altro, mi sono seduto alla scrivania, ho tirato fuori il quaderno degli esercizi, ho letto le indicazioni e per due ore mi sono ritrovato in uno stato di siderazione matematica, una paralisi mentale da cui sono uscito solo quando ho sentito mia madre chiamarmi per andare a tavola. Capisce, non ho fatto i suoi compiti, ma ci ho davvero dedicato quelle due ore.

Dopo cena era troppo tardi, mi aspettava un'altra seduta di catalessia: l'esercizio di inglese". "Se ascoltassi di più in classe, capiresti meglio le indicazioni!" può obiettare (a giusto titolo) il professore.

Per evitare questa pubblica umiliazione, il nostro esterno preferirà anche lui una presentazione diplomatica dei fatti: "Stavo leggendo le indicazioni quando è esplosa la caldaia".

E così di seguito, dalla mattina alla sera, da una materia all'altra, da un professore all'altro, giorno dopo giorno, in un crescendo della menzogna che arriva al famoso "È mia madre…È morta" di François Truffaut.

Dopo questa giornata passata a mentire all'istituzione scolastica, la prima domanda che il nostro cattivo esterno sentirà appena tornato a casa sarà l'immancabile: "Allora, com'è andata oggi?".

Bene.

Nuova bugia.

E anche questa richiede di essere annacquata con un briciolo di verità: "In storia la prof mi ha chiesto il 1515, ho risposto vittoria di Marignano, era molto contenta!"

(Dai, fino a domani siamo a posto).

Ma domani arriva presto e le giornate si ripetono e il nostro esterno riprende i suoi viavai tra la scuola e la famiglia, e tutta la sua energia mentale è spesa a tessere una sottile rete di pseudo-coerenza tra le bugie proferite a scuola e le mezze verità rifilate alla famiglia, tra le spiegazioni fornite agli uni e le giustificazioni presentate agli altri, tra le caricature degli insegnanti che fa ai genitori e le allusioni ai problemi famigliari che accenna agli insegnanti, un atomo di verità nelle une e nelle altre, sempre, poiché finiranno per incontrarsi, genitori e insegnanti, è inevitabile, e bisogna pensare a questo incontro, cesellare instancabilmente la finzione vera che costituirà l'argomento di quel colloquio.

Questa attività mentale richiede un'energia non paragonabile alla fatica spesa dal buon studente per fare un buon compito. Il nostro cattivo esterno ne esce stremato. Se anche volesse (sporadicamente lo vuole) non avrebbe più alcuna forza per mettersi davvero a studiare. La finzione in cui si è impantanato lo tiene prigioniero altrove, da qualche parte tra la scuola da combattere e la famiglia da rassicurare, in una terza e angosciante dimensione in cui spetta all'immaginazione di colmare le innumerevoli brecce da cui può sbucare il reale nei suoi aspetti più temuti: bugia scoperta, collera degli uni, dolore degli altri, accuse, punizioni, magari bocciatura, bilanci, impotente senso di colpa, umiliazione, compiacimento nello smacco: "Hanno ragione, sono una nullità, una nullità, una nullità. Sono una nullità".

**Esterno**[1] l'autore si riferisce ad uno studente esterno al collegio nel quale insegnava.

DANIEL PENNAC, *Diario di scuola*, Feltrinelli 2008

## CHISSÀ COME SI DIVERTIVANO

*Isaac Asimov, brillante scienziato in biochimica, è uno dei più apprezzati scrittori di fantascienza. Ha avuto la lungimiranza di chi riesce a prevedere e immaginare, da scienziato, possibili scenari futuri. Le sue storie sono scientificamente plausibili, è proprio questo a renderle interessanti. È probabile infatti che in futuro, così come il racconto suggerisce, gli studenti non debbano più studiare in una scuola ma a casa propria con un insegnante meccanico*

Margie lo scrisse perfino nel suo diario, quella sera. Sulla pagina che portava la data 17 maggio 2157, scrisse: "Oggi Tommy ha trovato un vero libro!" Era un libro antichissimo. Il nonno di Margie aveva detto una volta che, quand'era bambino lui, suo nonno gli aveva detto che c'era stata un'epoca in cui tutte le storie e i racconti erano stampati su carta. Si voltavano le pagine, che erano gialle e fruscianti, ed era buffissimo leggere parole che se ne stavano ferme invece di muoversi, com'era previsto che facessero: su uno schermo, è logico. E poi, quando si tornava alla pagina precedente, sopra c'erano le stesse parole che loro avevano già letto la prima volta.

Margie domandò:

– Di cosa parla?

– Di scuola.

– Di scuola?

Il tono di Margie era sprezzante.

– Cosa c'è da scrivere, sulla scuola? Io, la scuola, la odio.

Margie aveva sempre odiato la scuola, ma ora la odiava più che mai. L'insegnante meccanico le aveva assegnato un test dopo l'altro di geografia, e lei aveva risposto sempre peggio. La cosa che Margie odiava soprattutto era la fessura dove lei doveva infilare i compiti e i testi compilati e il maestro meccanico calcolava i voti a una velocità spaventosa.

Così, disse a Tommy:

– Ma come gli viene in mente, a uno, di scrivere un libro sulla scuola?

Tommy la squadrò con aria di superiorità.

– Ma non è una scuola come la nostra! Questo è un tipo di scuola molto antico, come l'avevano centinaia e centinaia di anni fa. – Poi aggiunse altezzosamente, pronunciando la parola con cura: – Secoli fa.

Margie era offesa.

– Be' io non so che specie di scuola avessero, tutto quel tempo fa.

Per un po' continuò a sbirciare il libro, china sopra la spalla di lui, poi disse: – In ogni modo, avevano un maestro.

– Certo che avevano un maestro, ma non era un maestro regolare. Era un uomo.

– Un uomo? Come faceva un uomo a fare il maestro?

– Be', spiegava le cose ai ragazzi e alle ragazze, dava da fare dei compiti a casa e faceva delle domande.

– Io non ce lo vorrei un estraneo in casa mia, a insegnarmi.

Tommy rise a più non posso.

– Non sai proprio niente, Margie. Gli insegnanti non vivevano in casa. Avevano un edificio speciale e tutti i ragazzi andavano là.

– E imparavano tutti la stessa cosa?

– Certo, se avevano la stessa età.

Non erano nemmeno a metà del libro quando la signora Jones chiamò:

– Margie! A scuola!

Margie se ne andò in classe. L'aula era proprio accanto alla sua cameretta e l'insegnante meccanico, già in funzione, la stava aspettando. Era in funzione sempre alla stessa ora, tutti i giorni tranne il sabato e la domenica, perché la mamma diceva che le bambine imparavano meglio se imparavano a orari regolari.

Lo schermo era illuminato e diceva: "Oggi la lezione di aritmetica è sull'addizione delle frazioni proprie. Prego inserire il compito di ieri nell'apposita fessura".

Margie obbedì, con un sospiro. Stava pensando alle vecchie scuole che c'erano quando il nonno di suo nonno era bambino. Ci andavano i ragazzi di tutto il vicinato, ridevano e vociavano nel cortile, sedevano insieme in classe, tornavano a casa insieme alla fine della giornata. Imparavano le stesse cose, così potevano darsi una mano a fare i compiti e parlare di quello che avevano da studiare.

E i maestri erano persone...

L'insegnante meccanico faceva lampeggiare sullo schermo: "Quando addizioniamo le frazioni 1/2 + 1/4..."

Margie stava pensando ai bambini di quei tempi, e a come dovevano amare la scuola. Chissà, stava pensando, come si divertivano!

ISAAC ASIMOV, *Tutti i racconti*, Mondadori 1995

## FAHRENHEIT 451

*È possibile immaginare un futuro nel quale possedere libri è considerato un reato? Guy Montag, il protagonista del romanzo, è un pompiere, ma non spegne fuochi, li appicca, il suo lavoro consiste nel dare la caccia ai sovversivi possessori di libri e incendiare loro tutto: libri e casa.*
*Ti proponiamo due stralci del libro.*
*Il primo narra l'incontro del protagonista con Clarisse, una nuova vicina di casa, una ragazzina allegra e vivace, che stranamente non ama come tutti la tv, ma ama parlare con gli altri. Sarà proprio questo incontro a stimolare la curiosità di Montag che inizierà a porsi delle domande e a cercare delle risposte: com'è cominciato tutto? Perché i libri sono considerati pericolosi?*
*Il secondo descrive l'incontro del protagonista con un vecchio professore sovversivo amante di libri, che gli farà scoprire la sostanza di cui sono fatti i libri.*

Montag disse:
– Naturalmente, siete la nostra nuova vicina, non è vero?
– E voi dovreste essere...
Ella staccò lo sguardo dai simboli della sua professione.
– Dovreste essere l'uomo degli incendi, il pirofilo.
La voce le si spense, mentre parlava.
– Con che strano tono lo dite.
– Vi avrei riconosciuto... anche a occhi chiusi – ella disse, lentamente.
– Come mai? forse l'odore di cherosene? Mia moglie si lamenta sempre dell'odore che ho addosso – disse lui ridendo. – Per quanto ci si lavi, non lo si perde mai del tutto.
– Infatti, non lo perdete mai del tutto – disse lei, come in preda a una specie di timore riverente.
– Il cherosene – riprese poi, dato che il silenzio si stava prolungando troppo – è ormai per me il miglior profumo che esista al mondo.
– Davvero? possibile che sia proprio così?
– Oh, ma certo. Perché vi sembra una cosa tanto strana?
Ella prese tempo per riflettere.
– Non lo so.
Si volse per guardare il marciapiede che scorreva verso le loro case.
– Non vi dispiace se torno a casa con voi? Mi chiamo Clarisse McClellan. [...]
A un tratto Clarisse McClellan disse:

– Mi permettete una domanda? Da quanto tempo lavorate agli incendi?

– Da quando avevo vent'anni, dieci anni fa.

– Non leggete mai qualcuno dei libri che bruciate?

Lui si mise a ridere:

– Ma è contro la legge!

– Oh, già, certo.

– È un bel lavoro, sapete. Il lunedì bruciare i luminari della poesia, il mercoledì Melville, il venerdì Whitman, ridurli in cenere e poi bruciar la cenere. È il nostro motto ufficiale.

Continuarono a camminare e infine la ragazza domandò:

– È vero che tanto tempo fa i vigili del fuoco spegnevano gli incendi invece di appiccarli?

– No, è una leggenda. Le case sono sempre state antincendio, potete prendermi in parola.

– È strano. Mi ricordo di aver sentito dire che molto, molto tempo fa le case ardevano spesso per disgrazia e che occorrevano gli uomini del fuoco per domare le fiamme.

Montag si mise a ridere.

Ella volse il capo a guardarlo, di scatto:

– Perché ridete?

– Non lo so.

Scoppiò nuovamente a ridere, ma smise di colpo.

– Perché rido?

– Non capisco: ridete, quando io non ho detto nulla di buffo e la vostra risposta è pronta. In fondo, non smettete mai di pensare alle cose di cui vi domando.

Montag si fermò bruscamente:

– Sapete che siete una ragazzina molto stramba? – le disse, fissandola. – Non avete dunque il minimo senso di rispetto?

– Non avevo nessuna intenzione di offendervi. È che mi piace troppo osservare la gente com'è fatta, ecco tutto.

– Ebbene, questo non vi dice proprio nulla?

E si batté le punte delle dita sul numero, 451, che portava cucito sulla manica color cenere.

– Oh, sì, certo – ella sussurrò, affrettando il passo. – Avete mai osservato gli auto-reattori correre per i viali a rotta di collo, laggiù?

– Ma ora voi cambiate discorso!

– Alle volte mi coglie il dubbio che gli automobilisti non sappiano che cosa sia l'erba, o come siano i fiori, perché non li hanno mai visti passandoci vicino con lentezza. Se mostrate a un automobilista una macchia verdastra, "Oh, sì", vi risponde, "è dell'erba, quella!". Se gli mostrate una chiazza rosata, vi dirà che è un rosaio, mentre le case sono per lui delle macchie biancastre e quelle marrone vacche al pascolo. Mio zio una volta fu colto a guidar lentamente su un'autostrada: a settanta chilometri all'ora, andava, e lo tennero in prigione per due giorni. Non è una cosa buffa e anche un po' triste, in fondo?

– Voi pensate a troppe cose – disse Montag, a disagio.

– Ben di rado guardo al teleschermo il programma Tra le pareti del salotto o vado alle corse o a parchi di divertimento. Così che mi resta un mucchio di tempo per i pensieri più strampalati, direi. Avete mai visto quei cartelloni pubblicitari alti come grattacieli ai margini delle autostrade appena fuori città? Lo sapevate che una volta i cartelloni pubblicitari erano alti al massimo sei o sette metri? Ma poi le auto sono diventate così veloci che si è reso necessario dilatare la superficie riservata alla pubblicità, se si è voluto che gli automobilisti avessero il tempo di leggerla, passando.

– No, non lo sapevo, questo!

E Montag scoppiò bruscamente a ridere.

– Ma ci sono altre cose che io so e voi non sapete! Per esempio, c'è della rugiada sull'erba, la mattina presto.

A un tratto, Montag si accorse di non riuscire a ricordare se questo lo avesse mai saputo o no, e la cosa lo rese nervoso.

– E se guardate bene – ed ella indicò il cielo col mento, – c'è un volto umano sulla luna.

Era da gran tempo che lui non guardava la luna.

Fecero il resto della strada in silenzio, lei in un silenzio pensoso, lui in un silenzio di malessere angosciato (...).

*L'incontro con Faber, il vecchio professore amante di libri, è per Montag determinante: inizia a chiedersi perché nonostante l'elevato benessere non è felice, e scopre che l'unica cosa che gli manca sono proprio quei libri che ha bruciato per vent'anni, quei libri che aiutano a riflettere. Entra così a far parte di una società segreta, i cui membri devono imparare a memoria un libro per preservare la conoscenza. E diventa, come tutti gli affiliati alla società, un "libro vivente".*

*Nello stralcio che segue, Faber spiega a Montag l'importanza dei libri:*

– Sapete perché libri come questo siano tanto importanti? Perché hanno sostanza. Che cosa significa in questo caso "sostanza"? Per me significa struttura, tessuto connettivo. Questo libro ha pori, ha caratteristiche sue proprie, è un libro che si potrebbe osservare al microscopio. Trovereste che c'è della vita sotto il vetrino, una vita che scorre come una fiumana in infinita profusione. Maggior numero di pori, maggior numero di particolarità della vita per centimetro quadrato avrete su di un foglio di carta, e più sarete "letterario". Questa è la mia definizione, a ogni modo. Scoprire le particolarità. Particolarità nuove! I buoni scrittori toccano spesso la vita. I mediocri la sfiorano con una mano fuggevole. I cattivi scrittori la sforzano e l'abbandonano.

Capite ora perché i libri sono odiati e temuti? Perché rivelano i pori sulla faccia della vita. La gente comoda vuole soltanto facce di luna piena, di cera, facce senza pori, senza peli, inespressive. [...]

Meglio sedere in qualche salotto, dove potete discutere col televisore a quattro pareti. Perché? Il televisore è "reale", è immediato, ha dimensioni. Vi dice lui quello che dovete pensare, e ve lo dice con voce di tuono. Deve aver ragione, vi dite: sembra talmente che l'abbia! [...]

– Mia moglie dice che i libri non sono "reali".

– E Dio sia lodato per questo. Li si può almeno chiudere, dire: "Aspetta un momento". Potete farne ciò che volete. Ma chi mai è riuscito a strapparsi dall'artiglio che v'imprigiona quando mettete piede in salotto TV? Vi foggia secondo la foggia che esso più desidera! L'ambiente in cui vi chiude è reale come il mondo. Diviene e pertanto è la verità.

RAY BRADBURY, *Fahrenheit 451*, Mondadori 2000

## NON CHIEDERMI COME STO MA DIMMI COSA C'È FUORI

*Il libro raccoglie le riflessioni degli adolescenti malati di tumore dell'Area Giovani del CRO (Centro di Riferimento Oncologico) di Aviano. Ti proponiamo la testimonianza di Chiara, un'adolescente che è riuscita a vincere la sua "personale olimpiade".*

Era estate. L'estate del 2000. L'estate che ricorderò per tutta la mia vita.

Avevo tredici anni e la scuola stava finendo. Tutti i miei compagni si stavano preparando per l'esame di terza media. Per me come per i miei amici, era un esame importante... il primo vero esame. Volevo preparare bene la mia ricerca di geografia, il mio colloquio di storia sulla colonizzazione... Mi stavo impegnando. Ero felice di preparare il mio primo esame, non rendendomi conto che c'era un esame tutt'altro che scolastico ma ben più impegnativo ad attendermi.

Vedevo e sentivo che c'era qualcosa che non andava... La risposta è arrivata un pomeriggio di maggio nel corridoio dell'ospedale adiacente alle sale della TAC. Mi ricordo che io e i miei genitori stavamo aspettando seduti su quelle sedioline asettiche dell'ospedale. Per me l'attesa era snervante, c'era puzza di disinfettante e quel posto non mi piaceva.

Solo dopo la risonanza magnetica capii tutto fino in fondo. C'era una noce annidatasi nel mio cervelletto, anzi una lenticchia, così mi venne spiegato. In seguito questa lenticchia venne tolta e poi... Quello che successe quell'estate non fu molto piacevole. Chemioterapia e Radioterapia non sono facili da sopportare.

Eppure ora, a ventun'anni posso dire di essere cresciuta in un'estate... durante quell'estate. In quei mesi scoprii quanto ero fortunata. In fondo non avevo una leucemia fulminante e non ero in attesa di un donatore che chissà quando sarebbe arrivato. Ero fortunata. Nell'estate del duemila ho imparato tante cose. Ho imparato ad amare la vita e ciò che fino ad allora mi sembrava scontato, un mio diritto. Ho scoperto un dovere: quello di ringraziare per tutte le meraviglie della vita. Ho imparato a sorridere con il cuore davanti a uno sguardo divertito, davanti a un mazzo di fiori, davanti a una giornata di sole e anche davanti a una di pioggia.

Ogni sera prima di addormentarmi, penso alle cose che ho fatto durante la giornata e mi sento privilegiata. Anche se la Radioterapia ha portato via i miei bellissimi boccoli biondi, ho imparato che non è quello che mi farà essere migliore. Sono fiera di ciò che sono diventata. Adesso guardo a ciò che è successo come una grande esperienza che ha contribuito a forgiare il mio carattere. Mi ha dato la possibilità di vivere qualcosa che prima conoscevo solo come lunghe e complicate parole pronunciate dai più grandi... come qualcosa di lontano da me.

Certo, sbatterci contro ha fatto male, ha lasciato una cicatrice... Una cicatrice che è sempre lì per non farmi dimenticare quanto sono fortunata. A volte, sento addosso l'opprimente sguardo di qualcuno che, trovandosi davanti a me per la prima volta, non può fare a meno di volgere inconsciamente lo sguardo ai miei capelli. Ormai ci sono abituata. Ma una cosa bellissima è notare che l'interesse gradualmente si sposti verso qualcos'altro, come le involontarie occhiate furtive vengano sostituite dall'interesse per ciò che esprimo con le parole e che lascio trasparire dai miei occhi. Ancora adesso, scrivendo queste righe, una lacrima mi riga le guance. Ma questa non è tristezza bensì l'affiorare di mille emozioni come chi, sfogliando un album di fotografie ingiallite dal tempo, ripensa a una vecchia amicizia o a qualcosa di non fatto e scopre che quelle immagini sono un distillato di emozioni che a volte neanche una vita intera è in grado di produrre. Mi piace comparare la mia storia alla scelta fatta da un atleta per coronare il sogno di vincere le Olimpiadi. Una lunga strada fatta di duri allenamenti lo attende per raggiungere la forma perfetta. Io non ho mai scelto di gareggiare alle Olimpiadi ma qualcuno ha deciso che dovevo fare l'atleta.

Chiara.

a cura dell'Area Giovani del CRO di Aviano, *Non chiedermi come sto ma dimmi cosa c'è fuori,* Mondadori Electa 2008

## COSÌ È LA VITA

*La vecchiaia e la morte sono i nuovi tabù di una società che coltiva il mito della bellezza e della giovinezza eterna, che crea avatar per fermare il tempo con espedienti chirurgici. È difficile parlare di vecchiaia e di morte, ed è luogo comune pensare che i bambini vadano preservati, protetti. Ma da cosa? I bambini fanno domande sulla vita e sulla morte e si aspettano delle risposte. La morte fa parte della vita e parlarne non può che far bene all'anima, al nostro modo di essere nel mondo e di vivere il mondo.*
*La scrittrice si chiede perché delle cose che capitano nella vita: malattia, vecchiaia, morte, si parli raramente, soprattutto in Italia. In altri paesi, invece, i bambini familiarizzano presto con questi concetti; in Francia, infatti, sono numerosi i libri per bambini in età scolare che affrontano, in modo leggero e persino divertente, questi temi. La risposta è semplice: si punta tutto sul mito dell'eterna giovinezza!*

Mi domando perché i bambini non si portino (più) ai funerali. Di solito, sento dire, perché si impressionano, per evitar loro un trauma, perché sono troppo piccoli per capire. Si mandano a casa da certi parenti per "distrarli", poi si racconta che il nonno è partito per un lungo viaggio, o che è andato sulle nuvole. I bambini sono piccoli ma non sono cretini. Se una persona che si ama parte per un viaggio ci si aspetta che telefoni, o che scriva. A volte si aspetta per anni, soffrendo dell'abbandono. Se è andato sulle nuvole o su una stella cosa ci è andato a fare, perché non ha avvertito, perché non torna a raccontare com'è, perché non posso andarci anche io?

Giovanni aveva dieci anni quando è morta la sua mamma. La sera prima lo hanno portato a dormire da una zia, quando è tornato a casa gli hanno detto che la mamma era partita per un viaggio molto lungo. Lui l'ha aspettata. Un giorno dopo l'altro, un mese dopo l'altro. All'inizio dell'estate suo padre e le zie gli hanno annunciato: "Da domani ci trasferiamo in campagna, e lì troverai una bellissima sorpresa". "Ero felice, il giorno più felice della mia vita" mi racconta oggi che sono passati quarant'anni, gli occhi ancora pieni di emozione, "ero sicuro, ma proprio certo che la sorpresa fosse mia madre che era tornata e mi aspettava lì. Mi sono lavato, pettinato, profumato e vestito per lei. Sono partito in uno stato di agitazione che non riuscivo a controllare. Quando siamo arrivati, dopo molte ore, nella vecchia casa di campagna mio padre prima ancora di entrare mi ha accompagnato vicino al granaio, forse lei era lì dentro, dietro un albero, forse lei era lì dietro? Poi mi ha detto: "Chiudi gli occhi" e quando li ho riaperti mi ha mostrato il regalo. Era una bicicletta.

Chi muore, muore di nascosto. Una sottile discrezione diffusa impone che al malato non si dica cosa gli sta accadendo, che chi gli sta attorno faccia finta di non saperlo. Scrive uno storico, Philippe Ariès: "Nel nostro tempo si è proibito il tema della morte come nel secolo scorso quello del sesso. La contingenza, la finitezza, la fragilità, la sofferenza e la morte – come la sconfitta, come ogni tipo di perdita – non fanno parte del quadro mentale dell'uomo occidentale. Sono avvenimenti secondari, estranei. Sono diventati temi proibiti, difficili".

A scuola si è imposta la pedagogia dell'infinito. Una pedagogia razionale che insegna come funzionano le cose, in una specie di eterno presente, ma non come finiscono. È bandito un tema di cui i ragazzi sanno parlare invece con facilità e che cercano nei fumetti, nei film, su internet, nei videogiochi. Non c'è spazio, nei programmi di studio, per l'educazione emotiva all'insuccesso, alla sofferenza. Capita poi che al primo contrattempo i ragazzi diano segnali di frustrazione esagerati, apocalittici, reazioni fuori misura. Le cronache ne sono colme. Mi spiega la maestra Rosa: "Siamo noi adulti, non i bambini, ad avere paura di trattare il tema della sofferenza e della morte. Siamo noi a non essere preparati, non loro. Spesso gli insegnanti hanno paura della reazione dei genitori. Cosa diranno, come la prenderanno. Del resto non è un obbligo farlo. Nei programmi sono indicati i temi della droga, del sesso, dell'Aids e della prevenzione, addirittura l'insegnamento del codice della strada per ridurre gli incidenti. Non si parla mai delle possibili conseguenze dei pericoli, però. Del lutto e della morte no". Sono gli adulti a non essere preparati.

CONCITA DE GREGORIO, *Così è la vita*, Einaudi 2011

# ANGELO

*Un racconto commovente, che con estrema dolcezza e con delicatezza affronta il difficile tema della malattia e della morte*

Mi chiamo Angelo, ho nove anni. La mia casa è a Bologna ma io non ci abito, ci abitano i miei genitori e mia sorella grande. Io vivo nella camera 15 del piano terra. È meglio il piano terra così si può uscire qualche volta in giardino, è più facile. I miei genitori vengono tutti i giorni, papà prima di entrare al lavoro e quando esce, mamma invece resta il pomeriggio e qualche volta penso che dorma qui perché la sento ancora quando mi addormento, però poi la mattina non la trovo più. Io non posso tanto uscire perché devo fare le trasfusioni e le cure che mi fanno bruciare il sangue cattivo, ho sempre un tubo che mi entra nel braccio e qualche volta dei cerotti sul collo che fanno sentire freddo.

Tutti quelli che entrano nella mia stanza devono mettersi un vestito verde e dei calzini di plastica, a volte bianchi e a volte verdi, perché ha detto l'infermiera Clara che sui vestiti e sulle scarpe stanno attaccate le malattie ed è meglio se io non mi ammalo. Cioè se non mi ammalo di un'altra malattia, perché una, la mia, ce l'ho già. È tanto tempo che ce l'ho, forse ci sono nato, non mi ricordo se prima non ce l'avevo. Mamma dice che sono nato così però io prima andavo a scuola e ora non ci vado più, è una malattia che quando cresci non ti fa andare più a scuola. Anche mamma porta i calzini di plastica, comunque.

Il mio dottore si chiama Andrea, è più vecchio di papà e anche più alto ma non è proprio vecchio come i nonni. È medio. È molto simpatico, una volta mi ha chiesto di insegnargli il mio gioco preferito alla Play e siamo rimasti a giocare un sacco di tempo, lui ha imparato abbastanza e da quella volta ogni giorno giochiamo un po'. Non solo al mio gioco preferito, "che si spara" lui dice che non è bravo abbastanza a sparare così in fretta. Giochiamo a quello della città, che si deve mettere la scuola e piantare gli alberi di un giardino e poi vedere la gente cosa fa. Quello a Andrea gli piace troppo. Io però quando esce ricomincio con I cavalieri dell'Impresa perché sono al terzo livello e lo devo assolutamente superare. Un giorno è tornato indietro e mi ha beccato che avevo cambiato gioco. Mi ha chiesto cosa stavo facendo io gli ho detto: "Niente, sono morto sei volte e devo ripartire daccapo".

Allora lui si è messo a ridere, ha voluto vedere, poi si è seduto accanto al letto. È stata quella volta che mi ha detto che mi dovevo preparare ad andare in un altro posto, fra un po' di tempo, e che lui non sarebbe potuto venire. Ho messo in pausa e gli ho domandato che posto. Lui ha detto: "Un posto più bello di questo dove non sei costretto a stare a letto". "Quindi posso tornare a casa?" "No, è un posto diverso da casa". "E papà e mamma e mia sorella Francesca possono venire a stare con me?" "Non penso proprio, no" mi ha detto Andrea, "loro non possono venire. Devi andare tu da solo". "Ma io da solo non ho il permesso di andare da nessuna parte" gli ho detto, "non vedi che sono troppo piccolo, non mi lasciano. E poi come faccio ad andare da solo in un posto che non so dov'è?" Lui non ha detto niente, che era strano perché Andrea dice sempre qualcosa, si è messo a guardare il giardino e mi sembrava che fosse più vecchio. Ho guardato la mia Play e gli ho detto, allora: "Andrea, ma in questo posto la Play la posso portare?" Deve essere stata una cosa a cui non aveva pensato perché mi ha guardato come uno che non ha capito poi si è rimesso a ridere e mi ha detto: "Certo, la Play la puoi portare dappertutto".

È passato un sacco di tempo, dopo, è venuto il caldo dell'estate e nel mio gioco avevo superato il quarto livello e anche il quinto, era finito cioè, e un po' mi annoiavo. "L'aggiornamento" mi ha detto mamma, "deve ancora uscire. Appena esce te lo compro".

Quel giorno, quando è arrivato Andrea gli ho chiesto: "Scusa, Andrea, nel posto dove dovrei andare da solo con la Play come faccio a trovare gli aggiornamenti? Chi me li porta?" Lui mi ha detto una cosa pazzesca, quella volta: mi ha detto che in questo posto ci sono tutti gli aggiornamenti anche quelli che qui non sono nel negozio, anche quelli che devono ancora essere inventati. È il posto dove creano tutti gli aggiornamenti della Play, li inventano lì e vanno automaticamente sui computer dei bambini senza nemmeno doverli comprare. Quando l'ho detto a papà lui si è messo a piangere dalla felicità. Papà non piange mai, solo il giorno che sono nato mi ha detto mamma, però quella notizia degli aggiornamenti che arrivano da soli nel computer è stata così bella che dev'essere stato quasi come il giorno che sono nato, penso.

Oggi sono stanco, non mi va tanto di giocare. Non mi va nemmeno tanto di parlare. Però questa cosa la voglio scrivere, così quando viene mamma se sono troppo stanco per raccontargliela gliela faccio leggere qui.

Oggi Andrea quando è arrivato mi ha detto come al solito: "Come va campione?" poi ha guardato i numeri sul foglio, mi ha toccato il collo sotto l'orecchio, si è messo a sedere e mi ha detto ancora: "Come va, non giochiamo?" "Sono stanco, non mi va di giocare". "Va bene, parliamo un po' allora". Però è rimasto in silenzio.

Io stavo pensando che nel posto dove andrò anche se avrò tutti gli aggiornamenti nel computer sarò così stanco che non mi serviranno a niente, i giochi. Che è bruttissimo avere tutti i giochi della Play del mondo e non aver voglia di giocare e allora gli ho detto: "Perché non ho voglia di giocare, secondo te?" Andrea mi ha spiegato che non devo preoccuparmi, è normale, succede sempre così, prima di partire, uno deve mettere da parte tutte le forze per il viaggio, il suo corpo lo sa e si organizza, mette tutte le forze da parte, capito? Poi quando il viaggio è cominciato la stanchezza non si sente più.

Io mi sono un po' spaventato perché non mi va tanto di partire da solo, e poi perché non sono sicuro di non essere ancora più stanco quando arrivo. E se quando arrivo sono stanchissimo e non posso nemmeno aprire la Play? "C'è una soluzione" mi ha detto Andrea, "in quel caso il protagonista del videogioco puoi essere tu". "Come io? Come faccio?" "È un segreto" mi ha detto all'orecchio, "quando i bambini che arrivano sono stanchi, solo in quel caso gli inventori dei videogiochi ti fanno provare una cosa che nessuno al mondo sa che si possa fare. Ti fanno entrare nel gioco, e puoi combattere tu direttamente, senza bisogno della Play". "Cioè vuoi dire che posso entrare nel mondo del gioco, posso saltare i fiumi, camminare sulle pareti, volare?" "Sí, puoi". Quando è uscito mi sono messo a pensare a quello che avrei fatto, che nei Cavalieri non mi riusciva mai: pazzesco, mamma. Poi ho chiuso gli occhi e mi devo essere addormentato, perché ho conquistato il regno di Ther in un secondo e con tutti i Cavalieri dell'Impresa abbiamo cavalcato sulla pianura delle ombre, siamo arrivati fino alla Sorgente della luce e abbiamo preso la pietra. Così, tutto d'un fiato, era facilissimo e non sono morto mai.

CONCITA DE GREGORIO, *Così è la vita*, Einaudi 2011

## ADOLESCENZA E SEGRETI

*Crepet risponde alle domande degli studenti del Liceo scientifico Isacco Newton di Roma. Ne riportiamo alcune.*

Sono Paolo Crepet e faccio lo psichiatra, mi occupo di giovani, di adolescenti e dei loro genitori. Oggi parliamo di segreto e del simbolo del segreto per tutti, il diario, che è una specie di cofanetto della nostra privacy e che ha avuto un ruolo da sempre strategico nella nostra vita e che credo lo abbia anche per voi generazione cibernetica, che avete anche tanti altri diari in rete, forse molto più sofisticati di quelli che avevamo noi. [...]

**STUDENTESSA:** Per un certo periodo di tempo ho tenuto un diario segreto, perché mi serviva come sfogo o comunque per annotare un fatto, per non dimenticarlo mai. Adesso non lo scrivo più perché riesco a parlare dei miei fatti privati un po' con tutti. Comunque penso che quella del diario sia stata un'esperienza importante, anche perché lo scrivere aiuta a riordinare le idee. Secondo Lei questo è possibile solo per gli adolescenti, che attraversano una fase della loro vita piena di incertezze, o, anche per gli adulti?

**CREPET:** Ma, naturalmente, ognuno la pensa in maniera diversa. Quello che vi posso dire, sulla base della mia esperienza professionale, è che di segretezza noi abbiamo bisogno come dell'aria che respiriamo, a tutte le età. Io credo che oggi noi stiamo attraversando un periodo particolarmente volgare, da questo punto di vista, in cui tutta la parte di intimità è spiattellata in pubblico. Ci sono dei signori e delle signore molto noti della nostra società che annunciano di essere rimaste incinte, per esempio. Fanno una conferenza stampa. Oppure chiamano i fotografi quando nasce il proprio figlio, oppure annunciano via fax di essersi "sfidanzati". Per arrivare poi ai casi più clamorosi. Il Presidente degli Stati Uniti, che è costretto *coram populo* mondiale a parlare dei fatti suoi – perché fatti suoi sono! di quello che fa o non fa o che, se mai, interessa forse sua moglie, ma non certo il mondo. Per questo uno dei tre oggetti che ho scelto per parlare oggi con voi è un disco di Lucio

Battisti, perché noi siamo reduci da un altro di questi esempi di scempio dell'intimità, della segretezza. Lucio Battisti ha deciso, essendo un uomo molto popolare, di non esserlo, di essere segreto a se stesso, di farsi i fatti suoi, in casa sua, di morire come vuole, dove vuole, senza dovere dire la diagnosi a chiunque. Questa è stata una cosa che ha irritato la gran parte dei giornalisti, la gran parte della stampa e una parte dell'opinione pubblica, che, affamata di questo, vorrebbe sapere quanti globuli rossi erano scesi, possibilmente se aveva l'AIDS o chissà quale altra tremenda malattia, per poi dire: "Ecco, vedi, l'avevo visto un po' magrino". Tutto questo credo che faccia parte di un orrendo mondo e società, in cui l'intimità, il segreto, è sparito. E questo è un guaio enorme, perché noi abbiamo bisogno della nostra identità, in quanto anche parte occulta, parte segreta, parte celata. Noi abbiamo bisogno anche di una nostra doppia vita. Questo non vuole dire elogio all'ambiguità, vuol dire l'elogio alla nostra segreta intimità.

**STUDENTESSA:** Finora abbiamo parlato del diario, visto come mezzo di sfogo, all'interno del quale la ragazza, in modo particolare, mette a nudo le proprie emozioni e i propri sentimenti. Ma, a mio parere, è molto più semplice sfogarsi del tutto su un pezzo di carta che poi sappiamo di poter gettare, invece che su un diario che resta e che può essere alla portata di tutti.

**CREPET:** In questo caso bisogna usare dei diari con gli anelli. No, non è una battuta, nel senso che non vedo il diario come un archivio di stato della nostra vita. Se lo pensassimo così, sarebbe incombente, una cosa insopportabile, cioè quasi da servizi segreti. Ecco, noi non dobbiamo avere una zona, che è il Viminale, dove vengono archiviati tutti i nostri anni, non si possono cancellare, rimarranno scolpiti sulla pietra. No. Dobbiamo pensare di avere la libertà anche di cancellare. Poi magari te ne penti. Io mi sono pentito di avere bruciato pagine e pagine che avevo scritto a una ragazza di cui ero follemente innamorato. Però le ho buttate via. In quel momento funzionava così, dovevo farlo, dovevo bruciare quel dolore. Forse adesso, a tanti anni di distanza, forse lo vedrei con occhi diversi, forse mi coccolerei. Però credo che ci sia questo, insomma.

Poi naturalmente i diari non sono solo i *cahiers de doléances* della nostra vita, dove ci va tutta l'infelicità del mondo. Credo che si scriva anche quando le cose vadano bene, quando sei felice, quando sei contenta, quando finalmente Stefano, che non ti badava da mesi, finalmente ti ha invitato a mangiare una pizza. Credo che sia una buona notizia da scrivere sul diario. Tra cinque anni magari non saprai neanche più chi era Stefano, ma in quel momento lì andava bene.

da PAOLO CREPET, in www.emsf.rai.it, 16 dicembre 1998

SECONDA SEZIONE

La parola a chi scrive per mestiere

# LE RELAZIONI

# L'UOMO ILLUSTRATO

*L'incontro del protagonista con un misterioso personaggio completamente ricoperto di tatuaggi dà il via alla narrazione dei racconti della raccolta "L'uomo illustrato". I tatuaggi prendono magicamente vita e ognuno ha una storia da raccontare. Ti proponiamo qui il prologo.*

## PROLOGO

Era un caldo pomeriggio, all'inizio di settembre, quando incontrai l'Uomo Illustrato. Camminavo lungo una strada asfaltata, al termine di un vagabondaggio di due settimane nel Wisconsin. Nel tardo pomeriggio mi fermai a mangiare un po' di maiale, dei fagioli e una ciambella, e stavo per stiracchiarmi e mettermi comodo a leggere quando l'Uomo Illustrato salì la collina e per un attimo la sua figura si stagliò contro il cielo.

Non sapevo ancora che fosse tatuato. Sapevo soltanto che era alto; una volta doveva essere stato muscoloso, ma ormai stava ingrassando. Ricordo che aveva le braccia lunghe, le mani tozze, ma il suo viso era infantile sopra un corpo massiccio.

Parve percepire la mia presenza, poiché non guardò nella mia direzione quando pronunciò le sue prime parole:

– Sai dove posso trovare lavoro?

– Temo di no – risposi.

– Non sono mai riuscito a trovare un lavoro duraturo, in questi quarant'anni – disse.

Benché fosse un pomeriggio molto caldo, l'uomo portava una camicia di lana chiusa fino al collo. Le maniche erano lunghe e i polsini abbottonati sui polsi robusti. Il sudore gli colava dal viso, eppure non accennava minimamente ad aprirsi la camicia.

– Be' – proseguì, – tanto vale che mi fermi qui per la notte. Ti dispiace avere compagnia?

– Ho cibo in abbondanza, puoi servirti, se credi – dissi io.

Sedette pesantemente, grugnendo.

– Ti pentirai di avermi chiesto di restare – continuò. – Succede sempre così. Ecco perché cammino sempre. Siamo all'inizio di settembre, l'epoca migliore per i luna park della festa del lavoro; dovrei fare un sacco di quattrini nelle fiere di tutti i paesini, e invece eccomi qui senza nessuna prospettiva per il futuro.

Si tolse una scarpa enorme e la esaminò attentamente.

– Di solito riesco a conservare il posto per circa dieci giorni. Poi succede sempre qualcosa e vengo licenziato. Ormai, in tutti i luna park dell'America, non sono disposti neppure a toccarmi con un forcone.

– E perché? – domandai.

Invece di rispondere cominciò a sbottonarsi il colletto lentamente. Con gli occhi chiusi, mosse lentamente la mano, slacciando un bottone dopo l'altro, poi insinuò le dita dentro la camicia, per toccarsi il petto.

– È buffo – disse, ancora ad occhi chiusi. – Non si possono sentire ma ci sono. Spero sempre che una volta o l'altra, guarderò... e saranno scomparse. Cammino per ore sotto il sole nei giorni più caldi, arrostendomi, prego che il sudore le dilavi e che il sole le cancelli con il suo calore, e invece al tramonto ci sono ancora.

Girò la testa lentamente verso di me e si scoprì il petto.

– Ci sono ancora?

Dopo un lungo attimo riuscii a respirare.

– Sì – dissi. – Ci sono ancora. Le Illustrazioni.

– Un'altra ragione per cui tengo sempre la camicia abbottonata fino al collo – disse, – sono i bambini. Mi seguono per le strade di campagna, tutti vogliono vedere queste figure, eppure nessuno vuol vederle.

Si tolse la camicia, l'appallottolò tra le mani. Era tutto coperto di figure, dal cerchio azzurro tatuato alla base del collo fino alla cintura.

– È così dappertutto – spiegò, indovinando i miei pensieri. – Sono tutto illustrato. Guarda!

Aprì la mano. Sul palmo c'era una rosa appena colta, con le stille di acqua cristallina sui morbidi petali rosa. Tesi la mano per toccarla, ma era solo una figura. In quanto al resto, non saprei dire per quanto tempo continuai a fissarlo perché tutto il suo corpo era un caos di fontane, e di razzi e di persone, in tanti intricatissimi particolari e colori che pareva di udire le voci, mormoranti, esili e sommesse, levarsi dalle folle che abitavano il suo corpo. Quando la sua pelle si raggricciava, le bocche minuscole fremevano, i minuscoli occhi verdi e dorati ammiccavano e le minuscole mani rosee gesticolavano.

C'erano prati gialli e fiumi azzurri, e montagne, e stelle, e soli e pianeti disseminati in una Via Lattea attraverso il suo petto. Le persone raffigurate erano raccolte in venti o più gruppi sparsi sulle spalle, sulla schiena, i fianchi, i polsi e sullo stomaco appiattito. Li ritrovai fra foreste di peli, sparpagliati fra una costellazione di efelidi; collocati nell'incavo delle ascelle con gli splendenti occhi di diamante. Ogni gruppo pareva intento alla propria attività; ognuno costituiva un ritratto.

– Oh, ma sono bellissime! – esclamai.[...]

– Oh, sì – disse l'Uomo Illustrato. – Sono così fiero delle mie illustrazioni che vorrei cancellarle con il fuoco. Ho provato con la carta vetrata, con l'acido, un coltello...

Il sole stava tramontando. La Luna si era già levata, a oriente.

– Perché, vedi – disse l'Uomo Illustrato, – queste Illustrazioni predicono il futuro.

Io tacqui.

– Durante il giorno va tutto bene – proseguì lui, – potrei lavorare in un luna park durante il giorno. Ma durante la notte... le figure si muovono. Le scene cambiano.

Probabilmente sorrisi.

– Da quanto tempo sei Illustrato?

– Dal 1900, quando avevo vent'anni e lavoravo in un luna park e mi ruppi una gamba, e fui costretto a letto. E per fare qualcosa decisi di farmi tatuare.

– Ma chi ti ha tatuato? Che fine ha fatto l'artista?

– È tornata nel futuro – disse, – dico sul serio. Era una vecchietta che abitava in una piccola casa nel cuore del Wisconsin, non lontano da qui. Una piccola vecchia strega che a volte sembrava avesse mille anni e che un attimo dopo ne dimostrava venti; diceva di poter viaggiare nel tempo. Io risi. Adesso, so che diceva la verità.

– Come la incontrasti?

Me lo disse. Aveva visto un cartello sulla strada: ILLUSTRAZIONI SULLA PELLE! Illustrazioni invece di tatuaggi! Artistiche! Era rimasto lì tutta la notte, mentre i suoi magici aghi lo pungevano, trafitture di vespa, trafitture di api delicate. Il mattino dopo sembrava un uomo caduto in una stampatrice a venti colori e che ne fosse uscito tutto coperto di vivaci illustrazioni.

– L'ho cercata tutte le estati, per cinquant'anni – disse, tendendo le mani, nell'aria, – e quando troverò quella strega, la ucciderò.

Il sole era scomparso. Ora splendevano le prime stelle e la luna aveva illuminato i campi d'erba e di grano. E le figure dell'Uomo Illustrato splendevano come carboni nella mezza luce, come rubini e smeraldi sparpagliati, con i colori di Picasso e di Rouault e le figure lunghe, appiattite di El Greco.

– Così mi licenziano quando si accorgono che i disegni si muovono. Non gli va, quando succedono le scene violente nelle mie Illustrazioni. Ogni Illustrazione una piccola storia. Se le guardi bene, fra pochi minuti ti racconteranno una storia. In tre ore potresti vedere dodici o tredici storie recitate sul mio corpo, potresti sentire le voci ed i pensieri. È tutto qui, sono in attesa che tu le guardi. Ma soprattutto c'è un punto particolare, sul mio corpo.

Si denudò la schiena.

– Vedi? Non c'è alcun disegno speciale sulla mia scapola destra, solo figure confuse.

– Sì.

– Quando sono stato per un po' insieme a una persona, quel punto si rannuvola, si riempie. Se sono con una donna, la sua immagine appare qui, sulla mia schiena, in un'ora, e mostra tutta la sua vita: come vivrà, come morirà, come sarà a sessant'anni. E se è un uomo, un'ora dopo ecco la sua figura sul mio dorso. Lo mostra mentre cade da un precipizio o muore sotto un treno. Così mi licenziano di nuovo.

E mentre mi parlava, le sue mani continuavano a vagare sulle Illustrazioni, come per sistemare le loro sagome, per allontanarne la polvere, con l'abilità di un conoscitore, di un mecenate.

Si distese, allungato nel chiaro di luna. Era una notte calda. Non spirava la minima brezza; l'aria era soffocante. Tutti e due ci eravamo tolti le camicie.

– E non hai mai trovato quella vecchia?

– Mai.

– Credi che venisse dal futuro?

– Come poteva conoscere altrimenti queste storie che mi ha dipinto addosso?

Chiuse gli occhi, stancamente, la sua voce si affievolì.

– A volte, la notte, io le sento, le Illustrazioni, come formiche, che mi strisciano sulla pelle. Allora so che fanno ciò che devono fare. Non le guardo più. Cerco solo di riposare. Non dormo mai molto. Non guardarle neppure tu. Girati dall'altra parte, per dormire.

Mi distesi, a pochi passi da lui. Non mi sembrava un tipo violento, e le scene erano veramente belle. Altrimenti avrei provato la tentazione di andarmene. Ma... le Illustrazioni... lasciai che i miei occhi se ne saturassero. Chiunque sarebbe diventato un po' matto, con quelle cose addosso.

La notte era serena. Udivo il respiro dell'Uomo Illustrato nella luce lunare. I grilli cantavano gentilmente nei burroni lontani. Giacevo di traverso in modo da poter osservare le Illustrazioni. Passò forse mezz'ora. Non potrei dire se l'Uomo Illustrato dormisse o no, ma d'un tratto lo udii bisbigliare:

– Si stanno muovendo, vero?

Attesi un attimo. Poi dissi:

– Sì.

Le figure si muovevano, a turno, ognuna per un breve minuto o due. Nella luce lunare, con i minuscoli pensieri e le lontane voci marine, veniva recitato ogni piccolo dramma.

Sarebbe difficile dire se passò un'ora o tre ore perché il dramma finisse. So soltanto che ero affascinato, e non mi muovevo, mentre le stelle si muovevano in cielo.

Tredici Illustrazioni, tredici racconti. Le contai una ad una.

La prima Illustrazione fremette, prese a vivere.

RAY BRADBURY, *L'uomo illustrato,* Fanucci 2005

## I RAPPORTI UMANI DA LE PICCOLE VIRTÙ

*Natalia Ginzburg, nota per il suo più celebre "Lessico famigliare", ha raccolto in "Le Piccole virtù", undici testi pubblicati nel corso degli anni, dal 1944 al 1962, su riviste e quotidiani. L'autrice ripercorre tutti i passaggi cruciali della sua vita: dall'infanzia, all'adolescenza, alla sua vita adulta. Affronta il complesso tema dei "rapporti umani" nel passaggio dall'infanzia all'adolescenza e del cambiamento che avviene nella relazione con i genitori. Ci parla del potere che le parole degli adulti hanno sui bambini e del disinteresse che quelle stesse parole suscitano negli adolescenti quando iniziano a guardare gli adulti con "occhi di pietra".*

Al centro della nostra vita sta il problema dei nostri rapporti umani: appena ne diventiamo consapevoli, cioè appena ci si presenta come un chiaro problema, e non più come confusa sofferenza, prendiamo a ricercarne le tracce e a ricostruirne la storia lungo tutta la nostra vita.

Nell'infanzia, abbiamo soprattutto gli occhi fissi al mondo degli adulti, buio e misterioso per noi. Esso ci sembra assurdo, perché non capiamo nulla delle parole che gli adulti si scambiano fra loro, né il senso delle loro decisioni e azioni, né le cause dei loro mutamenti d'umore, delle loro collere improvvise. Le parole che si scambiano gli adulti fra loro non le capiamo e non ci interessano, anzi ci annoiano infinitamente. Ci interessano invece le loro decisioni che possono spostare il corso delle nostre giornate, i malumori che offuscano i pranzi e le cene, lo sbattere improvviso di porte e lo scoppio di voci nella notte. Abbiamo capito che in un momento qualunque, da un tranquillo scambio di parole può scatenarsi una tempesta improvvisa, con rumori di porte sbattute e di oggetti scagliati. Noi vigiliamo inquieti ogni minima incrinatura violenta nelle voci che parlano. Succede che siamo soli e assorti in un gioco, e d'improvviso s'alzano nella casa quelle voci di collera: seguitiamo meccanicamente a giocare, a conficcare sassi ed erbe in un mucchietto di terra per fare una collina: ma intanto non ce ne importa più niente di quella collina, sentiamo che non potremo essere felici finché la pace non sarà tornata in casa; le porte sbattono e noi sussultiamo; parole rabbiose volano da una stanza all'altra, parole incomprensibili per noi, non cerchiamo di capirle né di scoprire le ragioni oscure che le hanno dettate, confusamente pensiamo che dovrà trattarsi di ragioni orribili: tutto l'assurdo mistero degli adulti pesa su di noi. [...]

Siamo entrati nell'adolescenza quando le parole che si scambiano gli adulti fra loro ci diventano intelligibili; intelligibili ma senza importanza per noi, perché ci è diventato indifferente che in casa nostra regni o no la pace.

Ora possiamo seguire la trama delle liti domestiche, prevederne il corso e la durata: e non ne siamo più spaventati, le porte sbattono e non sussultiamo; la casa non è più per noi quello che era prima: non è più il punto da cui guardiamo tutto il resto dell'universo, è un luogo dove per caso mangiamo e abitiamo: mangiamo in fretta prestando un orecchio distratto alle parole degli adulti, parole che ci sono intelligibili ma che ci sembrano inutili; mangiamo e scappiamo nella nostra stanza di corsa per non sentire tutte quelle parole inutili: e possiamo essere molto felici anche se gli adulti intorno a noi litigano e si tengono il muso per giorni e giorni.

Tutto quello che ci importa non succede più fra le pareti di casa nostra, ma fuori, per la strada e a scuola: sentiamo che non possiamo essere felici se a scuola gli altri ragazzi ci hanno un po' disprezzato. Faremmo qualunque cosa per salvarci da questo disprezzo: facciamo qualunque cosa.

Scriviamo delle strofette comiche per piacere ai nostri compagni, e le recitiamo loro con buffe smorfie di cui dopo ci vergogniamo; facciamo raccolta di parole sconce perché ci stimino un poco, andiamo a caccia di parole sconce per tutto il giorno fra i libri e i vocabolari che abbiamo in casa; e poiché ci sembra che fra i nostri compagni abbia successo un modo di vestire vistoso e sfarzoso, noi contro la volontà di nostra madre ci sforziamo d'insinuare nei nostri abiti sobri qualcosa di un po' vistoso e volgare. Confusamente sentiamo che se ci disprezzano, è soprattutto per colpa della nostra timidezza: chi sa, forse quel lontano momento in cui facevamo una collina di terra col nostro amico, e le porte sbattevano e risuonavano voci selvagge e la vergogna ci bruciava le guance, quel momento forse ha gettato in noi le radici della timidezza: e pensiamo di dover spendere la vita intera a liberarci dalla timidezza, a imparare a muoverci nello sguardo degli altri con la stessa baldanza e sbadataggine di quando siamo soli. La nostra timidezza ci appare come il più grave ostacolo a ottenere la simpatia e il consenso universale: e abbiamo fame e sete di questo consenso: nelle nostre fantasticherie solitarie, ci vediamo andare a cavallo trionfalmente per le città, in una folla che ci acclama e ci adora.

A casa, quegli adulti che per tanti anni ci avevano pesato addosso col loro assurdo mistero, noi li castighiamo ora con un profondo disprezzo, col mutismo e l'impenetrabilità del nostro viso; ci hanno ossessionato per tanti anni col loro mistero, e noi ora ci vendichiamo opponendo loro il nostro mistero, un viso impenetrabile e muto, degli occhi di pietra. E anche ci vendichiamo sugli adulti di casa nostra, del disprezzo che hanno i nostri compagni per noi. Quel disprezzo ci sembra che investa non la nostra sola persona, ma tutta la nostra famiglia, la nostra condizione sociale, i mobili e le suppellettili di casa nostra, i modi e le consuetudini dei nostri genitori. Scoppiano di tanto in tanto per casa le collere d'una volta, magari adesso destate da noi, dal nostro viso di pietra: ci assale un turbine di parole violente, le porte sbattono ma non sussultiamo: le porte sbattono adesso per noi, contro di noi che restiamo a tavola immobili, con un superbo sorriso: più tardi, soli nella nostra stanza, si scioglierà d'un tratto quel nostro sorriso superbo e scoppieremo a piangere, fantasticando sulla nostra solitudine e sull'incomprensione degli altri per noi; e sentiremo uno strano piacere a versare lagrime scottanti, a soffocare nel cuscino i singhiozzi. [...]

Al mattino, ce ne andiamo a scuola dopo aver fissato con preoccupazione nello specchio il nostro viso: il nostro viso ha perduto la vellutata delicatezza dell'infanzia; noi pensiamo allora con rimpianto all'infanzia, a quando facevamo delle colline di terra, e il nostro solo dolore era se litigavano in casa; adesso in casa non si litiga più così spesso, i nostri fratelli maggiori sono andati ad abitare per conto proprio, i nostri genitori sono diventati più vecchi e tranquilli; ma della casa non ce ne importa più niente; camminiamo verso la scuola, soli nella nebbia; quando eravamo piccoli, nostra madre ci accompagnava a scuola, ci veniva a prendere: adesso siamo soli nella nebbia, terribilmente responsabili di tutto quel che facciamo.

NATALIA GINZBURG, *Le piccole virtù*, Einaudi 2005

## BIANCA COME IL LATTE ROSSA COME IL SANGUE

*Leo, il protagonista del romanzo, è un sedicenne come tanti: scuola, calcetto con gli amici, giri con l'inseparabile motorino, cuffiette e iPod sempre a portato di mano, soste alla fermata dell'autobus con la speranza d'incontrare Beatrice, la sua amata, il suo sogno da realizzare. Beatrice, proprio come "quella di Dante".*

Ogni cosa è un colore. Ogni emozione è un colore. Il silenzio è bianco. Il bianco infatti è un colore che non sopporto: non ha confini. Passare una notte in bianco, andare in bianco, alzare bandiera bianca, lasciare il foglio bianco, avere un capello bianco... Anzi, il bianco non è neanche un colore. Non è niente, come il silenzio. Un niente senza parole e senza musica. In silenzio: in bianco. Non so rimanere in silenzio o da solo, che è lo stesso. Mi viene un dolore poco sopra la pancia o dentro la pancia, non l'ho mai capito, da costringermi a inforcare il mio bat-cinquantino, ormai a pezzi e senza freni (quando mi deciderò a farlo riparare?), e girare a caso fissando negli occhi le ragazze che incontro per sapere che non sono solo. Se qualcuna mi guarda io esisto.

Ma perché sono così? Perdo il controllo. Non so stare solo. Ho bisogno di... manco io so di cosa. Che rabbia! Ho un iPod in compenso. Eh sì, perché quando esci e sai che ti aspetta una giornata al sapore di asfalto polveroso a scuola e poi un tunnel di noia tra compiti, genitori e cane e poi di nuovo, fino a che morte non vi separi, solo la colonna sonora giusta può salvarti. Ti sbatti due auricolari nelle orecchie ed entri in un'altra dimensione. Entri nell'emozione dal colore giusto. Se ho bisogno di innamorarmi: rock melodico. Se ho bisogno di caricarmi: metal duro e puro. Se ho bisogno di pomparmi: rap e crudezze varie, parolacce soprattutto. Così non resto solo: bianco. C'è qualcuno che mi accompagna e dà colore alla mia giornata.[...]

È strano: di mattina a scuola non ci vuoi stare e al pomeriggio invece ci trovi tutti. Ma la differenza è che non ci sono i vampiri, cioè i prof: succhiasangue che tornano a casa e si chiudono nei loro sarcofaghi, aspettando le prossime vittime. Anche se al contrario dei vampiri, i prof agiscono di giorno.

Ma se davanti a scuola c'è Beatrice è un'altra cosa. Occhi verdi che quando li spalanca prendono tutto il viso. Capelli rossi che quando li scioglie l'alba ti viene addosso. Poche parole ma giuste. Se fosse cinema: genere ancora da inventare. Se fosse profumo: la sabbia al mattino presto, quando la spiaggia è sola con il mare. Colore? Beatrice è rosso. Come l'amore è rosso. Tempesta. Uragano che ti spazza via. Terremoto che fa crollare il corpo a pezzi. Così mi sento ogni volta che la vedo. Lei ancora non lo sa, ma un giorno di questi glielo dico. Sì, un giorno di questi glielo dico che lei è la persona fatta apposta per me e io per lei. È così, non c'è scampo: quando se ne accorgerà sarà tutto perfetto, come nei film. Devo solo trovare il momento adatto e la pettinatura giusta. Perché credo che sia soprattutto un problema di capelli. Solo se Beatrice me lo chiedesse li taglierei. Ma se poi perdo le forze come quello lì della storia? No, il Pirata non può tagliarsi i capelli. Un leone senza criniera non è un leone. Il mio nome è Leo mica per niente.

Una volta ho visto un documentario sui leoni, dalla boscaglia usciva un maschio dalla criniera enorme e una voce calda diceva: "Il re della foresta ha la sua corona". Così sono i miei capelli: liberi e maestosi. Quanto è comodo tenerli come fanno i leoni. Quanto è comodo non doverseli mai pettinare e immaginarsi che vadano su liberi, come fossero tutti i pensieri che mi crescono in testa: ogni tanto esplodono e si disperdono. Io i pensieri li regalo agli altri, come le bolle della Coca appena aperta, che fa quel rumore così esaltante! Io con i capelli dico un sacco di cose. Quanto è vero. Quanto è vero questo che ho detto.

Tutti mi capiscono solo dai capelli. Cioè, almeno gli altri di scuola, quelli della ciurma, gli altri Pirati: Spugna, Stanga, Ciuffo. Papà ci ha rinunciato da un pezzo. La mamma non fa altro che criticarli. La nonna quando mi vede per poco non muore di infarto (ma se hai novant'anni è il minimo).

Ma perché fanno così fatica a capire i miei capelli? Prima ti dicono devi essere autentico, devi esprimerti, devi essere te stesso! Poi, quando cerchi di mostrarti come sei, non hai identità, ti comporti come tutti gli altri. Ma che ragionamento è? Bah, chi lo capisce: o sei te stesso o sei come tutti gli altri. Tanto a loro non va mai bene niente. E la verità è che sono invidiosi, soprattutto i pelati. Se divento pelato io mi uccido.

Comunque se a Beatrice non piacciono dovrò darci un taglio a questi capelli, ma ci voglio pensare. Perché potrebbe essere anche un punto di forza. Beatrice, o mi ami così come sono, con questi capelli, o non se ne fa niente, perché se non siamo d'accordo su queste piccole cose come potremo mai stare insieme? Ognuno deve essere se stesso e accettare l'altro così com'è – lo dicono sempre in tivù – altrimenti che amore è? Dai, Beatrice, ma perché non lo capisci? E poi di te mi va tutto bene, quindi tu parti avvantaggiata. Sempre in testa, le ragazze. Ma come fanno a vincere sempre? Se sei bella hai il mondo ai tuoi piedi, scegli quello che vuoi, fai quello che vuoi, ti metti quello che vuoi... non importa, tanto tutti ti ammirano lo stesso. Che fortuna!

Io invece ci sono giorni che non uscirei di casa. Mi sento così brutto che me ne starei barricato in camera, senza guardarmi allo specchio. Bianco. Con la faccia bianca. Senza colore. Che tortura. [...]

Non riesco ad addormentarmi. Sono innamorato e, quando lo sei, il minimo che può accaderti è non dormire. Anche la notte più nera diventa rossa. Ti si affolla una tale quantità di cose nella testa che vorresti pensarle tutte insieme e il cuore non riesce a star buono. E poi è strano, perché ti sembra tutto bello. Tu fai la stessa vita tutti i giorni, con le stesse cose e la stessa noia. Poi ti innamori e quella stessa vita diventa grande e diversa. Sai che vivi nello stesso mondo di Beatrice e allora che importa se l'interrogazione ti va male, se la ruota del motorino si buca, se Terminator[1] vuole pisciare, se si mette a piovere e non hai l'ombrello? Non ti importa, perché sai che quelle cose passano. Invece l'amore no. La tua stella rossa brilla sempre. Beatrice è lì, l'amore è dentro il tuo cuore ed è grande, ti fa sognare e nessuno può strappartelo via, perché è in un luogo dove nessuno può arrivare. Non so come descriverlo: spero che non passi mai.

Così mi sono addormentato, grazie a questa speranza nel cuore. Basta che ci sia Beatrice e la vita è ogni giorno nuova. È l'amore che rende la vita nuova. [...]

Beatrice ha i capelli rossi. Beatrice ha gli occhi verdi. Beatrice ha. Al pomeriggio si ferma con i suoi amici davanti alla scuola. Beatrice non è fidanzata. Sono stato alla sua festa l'anno scorso: è stato un sogno. Ho passato il tempo a nascondermi dietro qualcosa o qualcuno per poterla fissare, per incidere nella mia memoria ogni suo gesto e movimento. Il mio cervello si è trasformato in una telecamera, perché il cuore potesse rivedere in qualsiasi momento il più bel film mai girato sulla faccia della Terra. [...]

Beatrice continua a non venire a scuola. Non c'è neanche alla fermata al pomeriggio. Le mie giornate sono vuote. Sono bianche, come quelle di Dante quando non vide più Beatrice.

Non ho niente da dire, perché quando non c'è l'amore le parole finiscono.

Le pagine diventano bianche, manca inchiostro alla vita.

Ho parlato con il il prof finalmente:

– Come si fa a trovare il proprio sogno? Però, prof, non mi prenda in giro.

– Cercalo.

– Come?

– Poni le domande giuste.

– Che vuol dire?

– Leggi, guarda, interessati... tutto con grande slancio, passione e studio. Poni una domanda a ognuna delle cose che ti colpiscono e appassionano, chiedi a ciascuna perché ti appassiona. Lì è la risposta al tuo sogno. Non sono i nostri umori che contano, ma i nostri amori.

**Terminator**[1] Il cane di Leo

ALESSANDRO D'AVENIA, *Bianca come il latte rossa come il sangue*, Mondadori 2010

# UN EVENTO MEMORABILE

*Francesca è una ragazzina di dodici anni che cerca di capire quello che accade intorno a lei, che vuole conoscere, scoprire il mondo; è questa la motivazione che la spinge a desiderare di partecipare, insieme alla sua amica Claudia, a una manifestazione per la pace nel mondo, per urlare, insieme a tutti gli altri manifestanti, il suo No alla guerra. Da un lato lei, con il suo bisogno di crescere e capire, dall'altro i genitori preoccupati per "la loro bambina". Lo scontro è inevitabile, ma non irrisolvibile.*

## DISCUSSIONE CON LA MAMMA

*Domenica 3 Novembre*

Guardo l'orologio: le 7,40. Posso restare un altro po' a letto, oggi è domenica; i miei stanno ancora dormendo, non sento alcun rumore. Dalle finestre filtra la luce del giorno e la camera è immersa in una tranquilla penombra, atmosfera ottima per riflettere. Più tardi dirò alla mamma e al babbo che voglio andare al corteo e devo trovare le parole giuste per farlo.

Forse mi preoccupo per niente, ma non sono sicura di come la pensano in proposito: non abbiamo mai parlato del "Social Forum". Per giorni e giorni l'unico argomento dei loro discorsi è stato il trasloco, con discussione su quanto c'era da fare, su cosa dovesse essere fatto prima e come poteva essere fatto meglio. L'effetto trasloco non è ancora svanito, ma non posso aspettare ancora...

Inglese, storia o geografia? Da quando siamo alla casa nuova non ho più toccato un libro di scuola e stamani devo proprio studiare. Comincerò con inglese. Per quanto legga e rilegga, non capisco una parola, il mio pensiero è tutto per il corteo di sabato prossimo. Non ho mai partecipato a un corteo e sono sicura che questo sarà molto bello, con persone che vengono da tutta l'Europa.

Una fortuna che sia proprio a Firenze. No, fortuna non è proprio la parola adatta, sarebbe molto meglio che di questo corteo non ci fosse bisogno, sarebbe molto meglio che le guerre non ci fossero e che non se ne volessero iniziare sempre di nuove.

È un'occasione, ecco: un'occasione che a noi fiorentini è capitata per far sapere come la pensiamo, senza muoverci dalla nostra città.

– Cosa stai studiando? – domanda la mamma entrata con una maglietta da riporre nell'armadio.

– Sto pensando.

– A cosa studiare?

– Al corteo di sabato. Andremo insieme a Claudia e ai suoi genitori?

– Al corteo? – risponde stupita. – Quale corteo?

– Quello del "Social Forum". Quello per la pace.

Esita, sembra che la domanda l'abbia colta di sorpresa.

– Tu e il babbo siete per la guerra? – insisto.

– Certo che no!

Mette forza in questa risposta e tra me e me sospiro di sollievo.

– Quindi andiamo?

– Non credo proprio.

– Perché no?

– Dobbiamo sistemare un mucchio di cose in casa, non vedi che confusione c'è ancora?

– Se tu avessi letto Pappagalli verdi non penseresti che pulire è più importante della pace.

– Non ho detto questo.

– Allora?

– Allora niente. E poi ci possono essere dei violenti. Non ricordi cosa è successo a Genova?

Oh no, adesso cambia discorso e tira fuori anche lei questa storia: sembra la televisione. Sembra il Grandi.

– È un corteo di pacifisti e non venirmi a dire anche tu che i pacifisti sono violenti.

– Ma in mezzo a tante persone perbene, si possono infiltrare dei teppisti.

– Hai paura. Non volete venire.

– Che significa volete?

La sua voce suona allarmata.

– Io andrò con Claudia!

– Tu cosa?

– Sono andata in tanti posti con lei e con i suoi genitori, e lei è venuta molte volte con noi.

– Non stavolta. Non si tratta di un cinema o di una gita in campagna.

– Non puoi dirmi di no.

– Te l'ho appena detto.

– Solo perché TU hai paura…

– Se non ci andasse Claudia, non ti sarebbe nemmeno passato per la mente.

– Cosa? È stata un'idea mia

– Non sono cose da bambine – mi interrompe bruscamente. – Non ne parliamo più.

Esce.

– L'unica cosa che ti interessa è che io prenda buoni voti a scuola. Questo sì che è una cosa da bambine, vero? – le grido dietro – non mi capisci e non mi vuoi capire.

Lei non risponde, ma sono sicura che ha sentito,

– Io andrò, non riuscirai a impedirmelo! – le grido dietro.

Lacrime di rabbia mi velano lo sguardo. Non è la prima volta che mi rifiuta qualcosa per quella stupida paura che lei chiama prudenza. Ha paura per me perché tiene a me. Ma se tenesse davvero a me non mi proibirebbe di andare, visto cha IO non ho paura. Poi non sono una bambina. Lei stessa, quando le torna comodo dice che sono grande. E se ne parlassi al babbo? Tempo perso, è ancora più fifone!

Chiudo con forza il libro di inglese e la biro cade per terra. Non studierò, adesso. Sono troppo arrabbiata per fare qualunque cosa. Voglio andare al corteo e ci andrò.

Mi alzo e guardo fuori dalla finestra. Le foglie sugli alberi sono di tutti i colori: gialle, rossicce, arancioni, marroni, alcune ancora verdi che resistono all'autunno. Ma è come se il mio cervello fosse diviso in due parti che vanno ognuna per conto proprio: una vede il giardino, l'altra non sa staccarsi dal pensiero del corteo e dalle cose che ha detto la mamma. Finalmente riesco a dare un nome a quello che sento in fondo alla mia rabbia: delusione. [...]

Come posso convincere la mamma a cambiare idea? Cerco degli argomenti per dimostrarle che ha torto, ma a tutti mi sembra di sentire la sua risposta: "No, perché ..." Se è davvero contro la guerra, perché non vuole cogliere l'occasione per fare qualcosa? Se lo è davvero, contro. Questo dubbio mi fa più male del suo rifiuto.

Siedo alla scrivania. Il mio sguardo cade sul foglio che mi ha portato ieri Claudia. *Imagine*. Inizio a leggere ma il mio inglese non è abbastanza buono e non capisco tutte le parole, così prendo il vocabolario

*Immagina che non ci siano nazioni*
*non è difficile*
*Niente per cui uccidere o morire*
*e nemmeno religioni*

È bellissima, tanto che mi fa venire i brividi. Provo a cantarla sottovoce, fingendo di sentire l'accompagnamento del pianoforte. Quando arrivo al verso

*Imagine all the people*
*living life in peace*

non riesco a proseguire, ho un nodo alla gola. Perché ci sono le guerre? Perché ci sono persone che accettano di fare i soldati? E soprattutto perché accettano di combattere? Perché? Perché?

ANTONELLA SACCO, *Un evento memorabile,*
Gruppo Editoriale Raffaello 2005

## IL SEGRETO DI ISABEL

*Isabel vive un momento particolarmente critico: una brutta esperienza l'ha segnata, tutte le sue certezze sembrano dissolversi, non si riconosce più nel modello 'figlia perfetta', il rapporto con i genitori è problematico, la loro eccessiva protezione, un peso insostenibile. Vive sentimenti contrastanti: desiderio di autonomia e paura di non farcela con le proprie gambe. Decide di rifugiarsi dal nonno col quale i genitori, da anni, non hanno più contatti e nonostante le delusioni e i momenti bui, ha tanta voglia di andare avanti alla ricerca di un raggio di sole.*

Mi chiamo Isabel e persino nel nome non mi è stato concesso di essere brutta o imperfetta. Fin dalla nascita, la mia vita sembrava già scritta: sarei stata bella, radiosa e intelligente come mia madre. I miei genitori si sentivano come se non potessero fallire e, almeno fisicamente, tutto sommato non avevano fallito.

Ma la vita segue spesso percorsi imprevedibili e nessuno è mai abbastanza sicuro. Lo so bene adesso.

Era il mio primo viaggio da sola, senza la compagnia dei miei genitori. La loro ombra ha sempre indirizzato ogni mio passo, ha sempre sbrigato ogni faccenda e risolto qualunque problema. Ma avevo tredici anni, ormai, e troppe cose erano cambiate nell'ultimo periodo. La mia vita era diventata imbarazzante: uscivo solo per andare a scuola e, lungo il tragitto, pregavo che andasse tutto bene, che ogni cosa rimanesse al suo posto, identica, immutabile.

I miei genitori mi guardavano increduli e si affannavano alla ricerca di una soluzione. Ne avevano sempre una, ma dieci mesi erano già volati via e della figlia perfetta era rimasto veramente poco. Solo l'ombra, il ricordo amaro di ciò che era stato.

Anche dei miei genitori perfetti non era rimasto poi molto. Non avrebbero mai potuto prevedere ciò che era accaduto. Non doveva andare così, non era stato contemplato, non era stato possibile aggirare l'ostacolo in tempo.

In un certo senso credo si sentissero traditi, ed era tutta colpa mia. Li avevo delusi. Non ero la figlia che avevano sognato, progettato a colazione come la ristrutturazione della casa in campagna o pianificato come un nuovo investimento. Non lo ero più.

– Vado da nonno Pietro! – dissi quel giorno, avvolgendo una ciocca intorno all'indice. Lo facevo sempre quando mi sentivo nervosa.

– Nonno Pietro? – risposero sbigottiti.

Loro avrebbero voluto spedirmi con tata al seguito in uno di quei villaggi a cinque stelle dove non si dorme mai, e si gioca e si ride tutto il tempo come dei patetici pagliacci. Ma io non volevo fingere di essere felice solo perché era estate. Soprattutto non volevo che una perfetta estranea mi sorvegliasse come fossi una bimbetta.

– E perché mai? Lo sai che non si fa sentire da anni! – aggiunse mia madre sbattendo ripetutamente le palpebre.

– Infatti l'ho chiamato io!

Mio padre che fino a quel momento era rimasto a braccia conserte, sembrò risvegliarsi da un sonno durato cent'anni: strabuzzò gli occhi e aprì la bocca in cerca di qualcosa da dire.

– E cosa ti ha detto? – mi incalzò la mamma.

– "Non ci sono problemi..." – risposi. Tralasciai però l'altro piccolo dettaglio della conversazione: "...se vieni da sola!"

Avevo subito rassicurato il nonno su questo punto: certo che sarei andata da sola! Io volevo e dovevo trovare un posto tutto mio, un rifugio che mi tenesse lontana dai turisti, dalla mia casa, dalla mia città, dagli amici che, a dirla tutta, non frequentavo più. Se ci fosse stato un modo per sfuggire anche a me stessa l'avrei afferrato al volo.

Con mio nonno certo avrei avuto tutto il silenzio che desideravo: non era mai stato troppo loquace e neppure invadente. Dovevo solo stare lontano dall'acqua. Solo così avrei dimenticato tutto.

Due giorni dopo salii sul treno diretto a Porto Sommerso. Quella sarebbe stata la mia casa per i prossimi due mesi.

I miei genitori erano ritti sulla banchina, i sorrisi stiracchiati sulle facce. Non sembravano affatto convinti di lasciarmi andare, soprattutto a bordo di un treno maleodorante e sovraffollato. La mamma bianca e rigida come un cero, si tamburellava il mento con l'indice della mano destra, mentre papà tormentava una gomma rimpallandosela tra i denti.

Sentii il fischio del capostazione e gli slam delle porte richiuse quasi all'unisono. Il treno si mosse e i viaggiatori in piedi cominciarono a ondeggiare l'uno contro l'altro. Per fortuna avevo un posto prenotato accanto al finestrino, e con lo zaino sulle gambe e il borsone sotto il sedile, mi accucciai appoggiando la testa contro il vetro.

Ero sola, finalmente. Oppure no?

Forse mia madre aveva assunto un detective per spiarmi e, magari, era proprio il tizio dai capelli brizzolati seduto in corridoio. In ogni caso, anche se fosse stato così, non mi avrebbe importato granché.

Intanto i palazzi anneriti dallo smog mi scorrevano davanti senza sosta e per un attimo mi sembravano spazzacamini giganti in fuga dal mare. Già, il mare.

Chiusi gli occhi e provai a non sentire il rumore assordante dei ricordi: le maledette sirene lamentose, le grida stridule, le urla soffocate nelle mani e il cigolio dei cardini, il vocio sommesso fino a notte fonda.

Una vampata mi avvolse da capo a piedi. Non era la prima volta e non sapevo come evitarlo.

– Tutto bene?– si informò una donna, seduta di fronte a me assieme alla sua bambina, vedendomi ansimare.

– Sì, sì...– riuscii a biascicare.

Qualcuno mi accostò alle labbra un bicchiere d'acqua e qualcun altro mi bagnò la fronte con una salvietta umida. L'odore mi disgustò.

Sentivo il corpo in ebollizione e, intanto, le sagome dei presenti mi si sdoppiavano davanti come stupidi ologrammi.

Ma che cosa mi ero messa in testa? Dove stavo andando? Perché non ero nella mia cameretta al sicuro da tutto? [...]

– Voglio scendere!– esclamai ad un tratto.

– Aspetta, sarà solo un calo di pressione– mi rassicurò il ragazzo che mi stava di fianco.

– Si sa, è così! Ieri pure mia moglie si è sentita male... – aggiunse un signore calvo, indicando la donna che gli stava di fronte,

– È vero – rispose la donna dondolando la testa.

Mi convinsi che forse non avevano del tutto torto e mi lasciai cadere di nuovo sul sedile.

Piano piano l'aria ricominciò a farsi strada nei polmoni, le vampate si attenuarono e, con esse, le mia angosce.

Dovevo proseguire il mio viaggio, non aveva senso rinunciarvi proprio adesso.

SONIA OGNIBENE, *Il segreto di Isabel*, Gruppo Editoriale Raffaello 2010

## CIAO PAPA' COME STAI?

*Michele, il protagonista del romanzo, racconta la sua vita, le sue angosce e la difficile ricerca di un equilibrio. La morte improvvisa a seguito di un incidente di Federico, l'amico di sempre, scuote tutte le sue certezze, spingendo Michele a ricercare il senso della vita. È in questo doloroso percorso di crescita che il protagonista riesamina il rapporto conflittuale con il padre.*

*Nello stralcio che ti proponiamo, Michele scrive una lunga lettera al padre per raccontargli tutto quello che non ha mai avuto il coraggio di dirgli: gli confessa la sua sofferenza da bambino, il suo non sentirsi amato, le sue paure e infine gli dichiara il suo amore.*

*Scrive al padre, ma parla a se stesso e dialoga con il padre che è dentro di lui, con il modello di padre che ha interiorizzato, e col quale, fino a quel momento, era stato in lotta.*

Ciao papà, come stai?

Scrivendoti mi sono accorto che non l'ho mai fatto. Anzi, per essere preciso non l'ho mai fatto da adulto, perché in realtà a scuola, alla festa del papà, ci facevano sempre fare quei cartoncini con scritto: "Auguri papà, ti voglio bene".

È un po' che manco da casa e allora ho pensato di scriverti due righe per dirti come sto. Sono cambiate molte cose nella mia vita, e anche questa lettera è frutto di questi cambiamenti.

Com'è difficile scriverti, papà. Non pensavo. Non ho ancora detto nulla e la pagina mi sembra già piena. Potrei iniziare con "ti voglio bene" come facevo con i cartoncini a scuola, ma non credo sia una buona idea. Che ti voglio bene lo sappiamo.

Non abbiamo parlato molto ultimamente. Non è stato facile. La vita ci ha messo di fronte a prove dure da superare e forse alcune sono state troppo forti, sia per te sia per me. Ci siamo dovuti difendere per sopravvivere. Tu per non stare più male ti sei chiuso nella tua infelicità e nella tua solitudine, e mi hai lasciato fuori. Non mi hai più portato vicino al tuo cuore, non mi hai più fatto sentire il tuo calore. E io ho passato la vita solo, fuori dalla porta della tua infelicità a bussare perché tu mi facessi entrare, dandomi la possibilità di starti vicino. Volevo stare lì con te e tu me lo hai impedito. Tu non mi hai più aperto, papà, probabilmente nemmeno udivi le mie grida, il rumore del mio pianto. Hai fatto finta di non sentire.

Ti ho odiato per questo, perché sei sempre stato incapace di ascoltarmi e capirmi veramente. Non mi hai mai guardato in fondo agli occhi. Non hai mai saputo chi fossi davvero. Ti dirò di più, spesso ho anche pensato che avrei preferito che fossi morto tu al posto della mamma. Ma questo forse lo hai desiderato anche tu. Ti ho odiato soprattutto perché non ti sei mai preoccupato della tua felicità. Mi hai dato un padre infelice. Questo ha impedito a me di essere felice, perché esserlo mi sembrava un tradimento, mi faceva sentire in colpa e mi dava l'idea di allontanarmi ulteriormente da te. Mi faceva sentire diverso. Così, non riuscendo a renderti felice ho iniziato a condividere un po' della tua infelicità. Stando sempre fuori dalle mura della tua indifferenza. Mi pareva di aiutarti, di alleggerirti la vita. Soprattutto, rinunciare alla mia felicità mi regalava l'illusione di esserti utile. Come se stare male in due ti potesse far sentire meno solo. Essere infelice mi avvicinava a te.

Quando me ne sono andato di casa mi hai fatto sentire un traditore. Era troppo chiedere che mi aiutassi a diventare uomo?

E poi non hai mai permesso un confronto. Un confronto sulle nostre idee, uno scambio di opinioni. Con te non è mai stato possibile, perché come un integralista ti sei barricato e chiuso nelle tue convinzioni, trasformando ogni opportunità di confronto in semplice scontro.

In questo periodo ho pensato molto alla mia vita e mi sono chiarito tante cose. Come una casa vecchia mi sono demolito e ricostruito. Non potevo più andare avanti a fare piccoli lavori di restauro. Ho dovuto demolire tutto e ricostruire dalle fondamenta. Qualcosa l'ho anche tenuto, non era tutto da buttare. Una cosa importante che ho imparato è stata quella di perdonarmi, ma soprattutto ho capito di voler essere felice. Ho scoperto di averlo sempre pensato, ma di non averlo mai voluto, mai cercato veramente. Pensavo di non meritarlo. Come pensavo di non meritarmi le carezze che non mi davi e gli abbracci che mi hai negato. Invece adesso so che merito tutta la felicità del mondo. Questo anche perché mi sono liberato un po' di te. Non prendere queste parole come uno sfogo, come un giudizio e tanto meno un'accusa. Conosco la tua vita al punto di sapere quanto sei stato più vittima che carnefice. I tuoi genitori, i tuoi fratelli ti hanno costretto a indurirti per sopravvivere. E se andiamo indietro, probabilmente è successo lo stesso al nonno con il bisnonno e al bisnonno con suo padre e su all'infinito.

Questa lettera te la scrivo anche per rompere la catena.

La cosa che finalmente ora so con certezza è che ti amo. Ti amo papà. Ti amo da togliere il respiro quando ci penso. Ma per riuscire ad amarti così ho dovuto ucciderti, ho dovuto attribuirti le tue responsabilità, ho dovuto vederti per quello che sei. Meraviglioso. E doloroso.

Lo sai che ci sono state volte da piccolo che ho pensato di ucciderti veramente? Volevo ammazzarti perché ti amavo talmente tanto che non avrei retto al dolore se anche tu te ne fossi andato da un giorno all'altro com'era capitato con mamma. La paura di perderti all'improvviso era talmente forte che non mi faceva vivere in pace. Ammazzandoti avrei smesso di avere quella paura che mi impediva di vivere serenamente.

Anch'io mi sono preso le mie colpe. Ho capito che portavo il peso del mondo sulle spalle pensando di essere una vittima degli accadimenti, ma in realtà ne ero il responsabile; avevo scelto io di essere così, quella condizione me l'ero imposta da solo, nessuno me l'aveva chiesto. Ero stato io a darmi tutta quella importanza, e alla fine mi ci ero affezionato a quel ruolo, che non era neppure il risultato di una condizione da vittima, semmai da vanitoso. Il mio modo di essere era semplicemente un atto di puro narcisismo. Ora tutto è chiaro e così ho potuto iniziare a fare un po' di ordine[…]

Ho voglia che mi spettini e che mi abbracci. E ti concederò la rivincita a braccio di ferro. Mi porti a comprare il gelato?

Ti amo papà, ti amo veramente... a presto!

Tuo figlio Michele.

FABIO VOLO, *Un posto nel mondo,* Mondadori 2006

## QUELL'ARPIA DI MIA SORELLA

*L'adolescenza è una fase di passaggio difficile, che mette a dura prova tutti i componenti della famiglia. È quello che accade a Will il protagonista del romanzo che vede la sua casa trasformata in un campo di battaglia da quando sua sorella Estelle è diventata una strega arrogante sempre pronta a contestare tutto e tutti. Anche la sorellina più piccola, Muffy, che ha solo tre anni, è così spaventata da quello che accade in casa che si rifiuta di parlare e comunica a gesti. Insomma una vera e propria guerra, con strategie d'attacco, improvvise ritirate e feriti sul campo; una guerra feroce ma ricca di spunti umoristici*

Anche casa nostra è un campo di battaglia, in un certo senso. O almeno è quello che dice la mamma. Lei sostiene che Estelle si è trasformata da un giorno all'altro in una strega urlante, casa nostra è diventata l'inferno in terra. A volte ha talmente paura che non entra neanche dalla porta di casa come un normale essere umano. Parcheggia la macchina un po' più in là, si avvicina furtiva e bussa alla finestra della stanza dove faccio i compiti. Io apro la finestra e mi affaccio. La mamma è lì nell'aiuola , con tutte le scarpe infangate. Non mi chiede com'è andata a scuola. Oh no. Non c'è tempo per queste minuzie quando si è in guerra. Va subito al sodo.

"In che stato è tua sorella?"

Non sta parlando di Muffy, non c'è dubbio.

"Ha la luna storta! Rispondo.

Sul viso della mamma si dipinge un'espressione spaventata.

"Oddio. Aiutami a entrare".

Non oso pensare che cosa penseranno i vicini vedendola sollevare la gonna e arrampicarsi sulla finestra ogni giorno. La mamma dice che se hanno avuto una figlia adolescente capiranno al volo, in caso contrario inutile provare a spiegarglielo.

"Ho solo bisogno di cinque minuti" dice. "Cinque minuti di pace e silenzio. Poi posso affrontarla". [...]

E io che cosa penso? Non mi raccapezzo. Ho sempre creduto che le persone crescessero a poco a poco, senza cambiare troppo dentro di sé, ma imparando una cosa alla volta in un'evoluzione regolare. Perciò qualsiasi cosa stia accadendo a Estelle mi preoccupa. Come si può, sapendo che bisogna chiedere il permesso a qualcuno prima di prendere la sua roba, infischiarsene da un giorno all'altro di come si sentirà quel qualcuno entrando in una stanza e trovando la sua preziosa radio, o calcolatrice, o giacca nuova di pelle gettata con noncuranza sul pavimento , magari fatta a pezzi? Come si fa a andare nella stessa scuola, trimestre dopo trimestre, e poi dimenticare tutte le regole? E come mai Estelle può entrare in una stanza e vedere me – il fratello con cui ha vissuto d'amore e d'accordo per un bel numero di anni – e mettersi all'improvviso a ringhiare? Io sono sempre lo stesso. Divento ogni settimana più alto, ma non vedo come questo possa darle fastidio. Dopotutto sono io che continuo a sbattere la testa, non lei. Ieri sono entrato in cucina e la mamma ha detto: "Will, i capelli ti sono diventati gialli!"

Era curcuma. Ormai sbatto la testa talmente spesso che non faccio quasi caso al dolore. Passando avevo urtato il fondo della mensola delle spezie, e tutta la curcuma era uscita dal barattolino e mi si era versata sui capelli.

Perciò ho anch'io i miei problemi. Estelle non è la sola che sta cambiando. Io cresco molto più in fretta di lei. Ma non credo di cambiare internamente. Credo di essere la persona di sempre. Non mi sono certo trasformato in uno spirito maligno, come lei.

Prendete stamattina. Tipico. Lunedì è il giorno in cui mamma non lavora. Muffy sta a casa. Perciò adesso che papà tiene il garage aperto tutto il week-end, quella del lunedì è l'unica mattina in cui lui e la mamma possono poltrire un po'. Lei era seduta sul letto bevendo il tè che le avevo portato, papà era ancora avvolto nel piumone, profondamente addormentato.

È allora che è entrata in azione Estelle. Ho visto tutta la scena perché stavo frugando nel borsellino della mamma alla ricerca dei soldi per il pranzo, mi aveva giurato che dovevano pur essere da qualche parte. Estelle ha fatto irruzione nella stanza e, senza degnarsi di dire "buongiorno" o altro, ha assalito i nostri genitori. "Mi servono sei sterline". Ho alzato lo sguardo. Ho fatto in tempo a vedere il viso della mamma irrigidirsi, le dita serrarsi intorno al manico della tazza di tè.

"Ah, si?"

"Sì"

Nessuna spiegazione, badate bene. Solo "Mi servono sei sterline" Sotto il piumone ho visto la piccola protuberanza del piede della mamma scivolare fino a toccare la gamba di papà. Sapevo esattamente che cosa significava. Significava: " Tu sei il padre, George Flowers. Svegliati e occupatene. Per me è troppo presto. Non ce la faccio".

Anche papà sapeva che cosa significava. Sospirando è rotolato su se stesso portandosi dietro il piumone, come una balena spiaggiata. Ha aperto un occhio cisposo. Intanto, Estelle si era lasciata cadere pesantemente davanti alla toeletta e aveva iniziato a trafficare con i preziosi trucchi della mamma.

Papà ce l'ha messa tutta.

"Sei sterline?"

"Sì, e prima di notte"

In un modo o nell'altro è riuscita a farla sembrare un'ultima offerta ragionevole di un rapitore impaziente prima di cominciare a spedire orecchie tagliate alla famiglia.

"Ma a che cosa ti servono?"

All'improvviso Estelle ha fatto una faccia torva allo specchio, come se, invece di chiedere semplicemente a cosa servissero quei soldi, papà l'avesse appena accusata di essere una bugiarda e una ladra.

"Per un'uscita con la classe! Ve l'avevo detto!"

"Non ne sono sicuro, Estelle..."

Vi garantisco che con me non sarebbe stato tanto cauto. Se mi fossi presentato a batter cassa a suon di minacce, non si sarebbe morso la lingua, non avrebbe risposto: "Non ne sono sicuro, Will" Avrebbe detto senza tanti giri di parole: "No, non è vero. Non sono sordo. E neanche stupido!" Ma con il resto della famiglia negli ultimi mesi, ormai papà con Estelle ci va con i piedi di piombo. [...]

Estelle stava ancora passandosi la costosissima matita nera della mamma intorno agli occhi.

"Naturalmente credi che stia mentendo!"

Papà ha sospirato di nuovo. (E tre).

"Non è carino da parte tua , Estelle. E non è giusto. Non credo che tu stia mentendo. Vorrei soltanto che avessi la buona grazia di dirmi qualcosa su questa uscita con la scuola prima che io metta mano al portafoglio per pagarla!.

Estelle è un asso nel rigirare la frittata.

"Tu detesti dover cacciare i soldi per qualsiasi cosa che mi riguardi, non è vero? Per gli altri spendi e spandi. La scorsa settimana hai perfino comprato un letto a Muffy...".

"Estelle, non poteva dormire in eterno in un lettino".

"E una calcolatrice a Will!"

"Lui fa l'indirizzo matematico, Estelle!".

"Ho chiesto soltanto sei misere sterline per andare con la classe all'orto botanico di Sanderley, e tu attacchi a farmi una predica che non finisce più!"

Da sotto la metà di piumone della mamma provenivano strani rumori. All'inizio pensavo che fossero solo altri sospiri. Ma poi mi sono reso conto che stava per esplodere. Papà ha cercato di bloccarla più in fretta che poteva con la gamba. Prima che riuscisse a strapparsi le coperte e avventarsi su Estelle, le ha fatto scivolare il braccio intorno al collo e le ha tappato la bocca con la sua manona. La mamma ha opposto una notevole resistenza. Deve esserci voluta un sacco di forza per tenerla giù. Se l'avesse lasciata andare all'improvviso, non mi sarei stupito di vederla schizzare su e sfracellarsi la testa contro il soffitto.

Allora Estelle si è girata. È stato incredibile. Si era talmente impiastricciata intorno agli occhi con la preziosa matita della mamma, da sembrare un procione. La mamma è uscita dai gangheri. Papà è riuscito a stento a bloccarla sul letto mentre Estelle imboccava la porta.

"Benissimo" ha detto con l'aria da regina martire."Non sono mica obbligata ad andare. Non devo fare altro che dire alla signorina Sullivan che non volete pagare la gita..."

Papà ha perso le staffe. È balzato fulmineo giù dal letto. Una volta liberata, la mamma ha cominciato a urlare dietro a Estelle che si allontanava: "Non osare dire una cosa del genere alla signorina Sullivan!" Papà ha afferrato la sua giacca e l'ha capovolta. Tutto quello che c'era nelle tasche si è riversato a terra, e una manciata di monete è rotolata sul tappeto. Le ha raccolte e, superando di corsa Muffy che era appena apparsa in pigiama sulla soglia, le ha scagliate con tutta la sua forza giù per le scale dietro a Estelle.

"Vai! Vai alla tua maledetta gita scolastica!" ha urlato. "Non sia mai che ti tarpiamo le ali! Vai in campagna e divertiti a prendere a calci i merli e a sputare ai conigli!"

Muffy aveva un'aria terrorizzata. La porta di casa ha sbattuto. La casa ha tremato. Quindi è calato il silenzio. William Scott Saffery dice che non c'è nessun silenzio come quello che segue un attacco. Sembra talmente reale da poter allungare la mano e toccarlo. A volte è così dopo che Estelle se n'è andata. Rimaniamo tranquilli in attesa. Muffy si arrampica sul letto, ma nessuno apre bocca. E poi, alla fine, quando si sente il clic del cancello del giardino, mamma e papà si scambiano un'occhiata. Cessate il fuoco!

ANNE FINE, *Quell'arpia di mia sorella*, Salani 2009

## SECONDA SEZIONE
### La parola a chi scrive per mestiere

# BULLISMO E LEGGE DEL BRANCO

# IO E TE

*Non sempre è facile essere se stessi, soprattutto quando si è in gruppo. Lì le regole fondamentali sono quelle dell'omologazione, del sentirsi tutti un po' simili, e chi è diverso, più timido, introverso, o semplicemente più riservato, finisce per essere definito un orso, un asociale, una persona problematica.*
*È quello che è accaduto a Lorenzo, un ragazzino di quattordici anni che preferisce trascorrere il tempo con la nonna piuttosto che con i suoi coetanei. Questo desta la preoccupazione dei genitori che ricorrono persino a uno psicologo per capire "cosa non va", ma Lorenzo impara presto a difendersi utilizzando una strategia di sopravvivenza: mimetizzarsi per apparire simile ai suoi compagni.*

Tra i tredici e i quattordici anni ero cresciuto di botto, come se mi avessero dato il concime, ed ero diventato più alto dei miei coetanei. Mia madre diceva che due cavalli da tiro mi avevano stirato.

Passavo un sacco di tempo allo specchio a osservarmi la pelle bianca macchiata di lentiggini, i peli sulle gambe. Sulla testa mi cresceva un cespuglio castano da cui spuntavano le orecchie. I lineamenti del viso erano stati rimodellati dalla pubertà e un naso imponente mi divideva gli occhi verdi.[...]

Piano piano ho capito come comportarmi a scuola. Mi dovevo tenere in disparte, ma non troppo, sennò mi notavano.

Mi confondevo come una sardina in un banco di sardine. Mi mimetizzavo come un insetto stecco tra i rami secchi. E ho imparato a controllare la rabbia. Ho scoperto di avere un serbatoio nello stomaco, e quando si riempiva lo svuotavo attraverso i piedi e la rabbia finiva a terra e penetrava nelle viscere del mondo e si consumava nel fuoco eterno.

Ora nessuno mi rompeva piú. Alle medie sono stato mandato al St Joseph, una scuola inglese popolata da figli di diplomatici, di artisti stranieri innamorati dell'Italia, manager americani e italiani facoltosi che si potevano permettere la retta. Lí erano tutti fuori posto. Parlavano lingue diverse e sembravano in transito. Le femmine se ne stavano per conto loro e i maschi giocavano a calcio su un grande prato di fronte alla scuola. Mi sono trovato bene.

Ma i miei genitori non erano contenti. Dovevo avere degli amici.

Il calcio era un gioco cretino, tutti a rincorrere una palla, ma era quello che piaceva agli altri.

Se imparavo quel gioco era fatta. Avrei avuto degli amici.

Ho preso coraggio e mi sono messo in porta, dove nessuno voleva mai stare e ho scoperto che non era poi cosí schifoso difenderla dagli attacchi nemici. C'era un certo Angelo Stangoni che quando prendeva la palla nessuno riusciva piú a togliergliela. Arrivava come un fulmine davanti alla porta e tirava botte fortissime. Un giorno lo buttano giú con un calcio. Rigore. Io mi metto al centro della porta. Lui prende la rincorsa. Io non sono un uomo, mi dico, io sono uno Gnuzzo, un animale bruttissimo e agilissimo prodotto in un laboratorio umbro, che ha un unico compito nella vita e poi può morire tranquillo.

Difendere la Terra da un meteorite mortale.

E cosí Stangoni ha calciato forte, dritto, alla mia destra e io ho volato come solo uno Gnuzzo sa fare, e ho allungato le braccia e la palla era lí tra le mie mani e ho parato.

Mi ricordo che i miei compagni mi abbracciavano ed era bello perché credevano che ero uno di loro.

Mi hanno messo in squadra. Ora avevo dei compagni che mi chiamavano a casa. Rispondeva mia madre ed era felice di poter dire: «Lorenzo, è per te».

Dicevo di andare dagli amici ma in realtà mi nascondevo da nonna Laura. Passavamo i pomeriggi a giocare a canasta. Lei beveva Bloody Mary e io succo di pomodoro con il pepe e il sale.

Avevamo fatto un patto: lei mi copriva sulla storia degli amici e io non dicevo niente dei Bloody Mary.

Ma le medie sono finite in fretta e mio padre mi ha chiamato nello studio, mi ha fatto sedere su una poltrona e ha detto: – Lorenzo, ho pensato che è ora che vai a un liceo pubblico. Basta con queste scuole private di figli di papà. Dimmi, ti piace di piú la matematica o la storia? Ho dato un'occhiata a tutti i suoi libroni sugli antichi egizi, sui babilonesi, disposti in ordine nella libreria.

– La storia.

Mi ha dato una pacca soddisfatta.

– Ottimo, vecchio mio, abbiamo gli stessi gusti. Vedrai, il liceo classico ti piacerà.

Quando, il primo giorno di scuola, sono arrivato davanti al liceo pubblico per poco non sono svenuto.

Quello era l'inferno in terra. C'erano centinaia di ragazzi. Sembrava di stare all'entrata di un concerto. Alcuni erano molto piú grandi di me. Pure con la barba. Le ragazze con le tette. Tutti sui motorini, con gli skate. Chi correva. Chi rideva. Chi urlava. Chi entrava e usciva dal bar. Uno si è arrampicato sopra un albero e ha appeso lo zaino di una ragazza su un ramo e quella gli tirava le pietre.

L'ansia mi toglieva il respiro. Mi sono appoggiato contro un muro coperto di scritte e disegni. Perché dovevo andare a scuola? Perché il mondo funzionava così? Nasci, vai a scuola, lavori e muori. Chi aveva deciso che quello era il modo giusto? Non si poteva vivere diversamente? Come gli uomini primitivi? Come mia nonna Laura, che quando era piccola aveva fatto la scuola a casa e le insegnanti andavano da lei. Perché non potevo fare così pure io? Perché non mi lasciavano in pace? Perché dovevo essere uguale agli altri? Perché non potevo vivere per conto mio in una foresta canadese? – Io non sono come loro. Io ho il sé grandioso, – ho sussurrato, mentre tre bestioni che si tenevano a braccetto mi spingevano via come fossi un birillo: – Sparisci, microbo.

In trance ho visto le mie gambe rigide come tronchi che mi portavano in classe. Mi sono seduto al penultimo banco, vicino alla finestra, e ho cercato di rendermi invisibile.

Ma ho scoperto che la tecnica mimetica in quel pianeta ostile non funzionava. I predatori in quella scuola erano molto piú evoluti e aggressivi e si muovevano in branco. Qualsiasi stasi, qualsiasi comportamento anomalo, era immediatamente notato e punito.

Mi hanno messo in mezzo. Mi hanno preso in giro per come mi vestivo, perché non parlavo.

E poi mi hanno lapidato a colpi di cancellino.

Imploravo i miei genitori di farmi cambiare scuola, una per disadattati o sordomuti sarebbe stata perfetta. Trovavo ogni scusa per rimanere a casa. Non studiavo piú. In classe passavo il tempo a contare i minuti che mi restavano per uscire da quel carcere.

Una mattina ero a casa per un mal di testa finto e ho visto in televisione un documentario sugli insetti imitatori.

Da qualche parte, ai tropici, vive una mosca che imita le vespe. Ha quattro ali come tutte quelle della sua specie, ma le tiene una sull'altra, cosí sembrano due. Ha l'addome a strisce gialle e nere, le antenne e gli occhi sporgenti e ha anche un pungiglione finto. Non fa niente, è buona. Ma, vestita come una vespa, gli uccelli, le lucertole, persino gli uomini la temono. Può entrare tranquilla nei vespai, uno dei luoghi piú pericolosi e vigilati del mondo, e nessuno la riconosce.

Avevo sbagliato tutto.

Ecco cosa dovevo fare. Imitare i piú pericolosi.

Mi sono messo le stesse cose che si mettevano gli altri. Le scarpe da ginnastica Adidas, i jeans con i buchi, la felpa nera con il cappuccio. Mi sono tolto la riga e mi sono fatto crescere i capelli.

Volevo anche l'orecchino ma mia madre me lo ha proibito. In cambio, per Natale, mi hanno regalato il motorino. Quello piú comune.

Camminavo come loro. A gambe larghe. Buttavo lo zaino a terra e lo prendevo a calci.

Li imitavo con discrezione. Da imitazione a caricatura è un attimo.

Durante le lezioni me ne stavo al banco facendo finta di ascoltare, ma in realtà pensavo alle cose mie, mi inventavo storie di fantascienza. Andavo pure a ginnastica, ridevo alle battute degli altri facevo scherzi idioti alle ragazze. Un paio di volte ho anche risposto male ai professori. E ho consegnato il compito in classe in bianco.

La mosca era riuscita a fregare tutti, perfettamente integrata nella società delle vespe. Credevano che fossi uno di loro. Uno giusto.

Quando tornavo a casa raccontavo ai miei che a scuola tutti dicevano che ero simpatico e inventavo storie divertenti che mi erano successe. Ma piú inscenavo questa farsa piú mi sentivo diverso. Il solco che mi divideva dagli altri si faceva piú profondo. Da solo ero felice, con gli altri dovevo recitare.

Questa cosa, alle volte, mi impauriva. Avrei dovuto imitarli per tutto il resto della vita? Era come se dentro di me la mosca mi dicesse le cose vere. Mi spiegava che gli amici ci mettono un attimo a dimenticarsi di te, che le ragazze sono cattive e ti prendono in giro, che il mondo fuori di casa è solo competizione, sopraffazione e violenza.

Una notte ho avuto un incubo da cui mi sono svegliato urlando. Scoprivo che la maglietta e i jeans erano la mia pelle e le Adidas i miei piedi. E sotto la giacca dura come un esoscheletro si agitavano cento zampette da insetto.

Tutto è filato più o meno dritto fino a quando, una mattina, ho desiderato per un istante di non essere più una mosca travestita da vespa, ma una vespa vera.

NICCOLÒ AMMANITI, *Io e te*, Einaudi 2010

## NON CHIAMATEMI ISMAELE

*Ismaele è un quattordicenne che tenta in tutti i modi di passare inosservato per sottrarsi alle prepotenze di Barry Bagsley, il bullo della scuola che non perde occasione per rendergli la vita difficile. Un giorno arriva in classe un nuovo compagno Scobie che a prima vista sembra un ragazzo con dei problemi e un po' imbranato, proprio il bersaglio perfetto di Barry. Ma Scobie non è come tutti gli altri, ha dovuto affrontare, nella sua giovane vita, prove molto difficili, ha subito l'asportazione di un tumore celebrale, che gli ha lasciato in eredità un curioso effetto collaterale: non riesce più a provare paura. Grazie a lui, Ismaele riuscirà a superare la sua paura e a rendere inoffensivo Barry.*

In fin dei conti, la cosa più importante che ho imparato l'anno scorso a scuola è stata quella di trasformarmi in bersaglio piccolo, piccolissimo. Posso dire di essere diventato un vero esperto in materia. Mi sono reso praticamente invisibile agli occhi di Barry Bagsley e compagnia. A volte, anzi, io stesso riesco a vedermi a malapena.

È così che ho passato il primo anno alle superiori: nascondendomi. Nelle rare occasioni in cui ero obbligato a uscire allo scoperto, come quando non potevo evitare di rispondere alle domande di un insegnante, mi preparavo agli inevitabili commenti, del tipo: "Cos'è sto puzzo?" oppure "Chi l'ha pestata?",o ancora "Oh, mio Dio! È il mostro delle fogne!" [...]

Non contento di stropicciare e masticare il mio nome per sputarlo fuori ridotto a bocconi e brandelli informi, a mala pena identificabili, Barry Bagsley, prese a espandere il suo repertorio di torture a altri campi.

Questi comprendevano, ma non si limitavano a:

– spostare o nascondere il mio zaino, l'astuccio, la calcolatrice, i libri, il cappello o qualsiasi altro mio oggetto su cui riusciva a mettere le mani, così che la giornata diventava per me un'infinita caccia al tesoro;

– decorarmi il diario con disegnetti osceni e suggerimenti vari, che spesso riguardavano la signorina Tarango e le balene;

– lasciare panini imbottiti e hot dog mangiucchiati o avanzi di frutta mezzo marcia nel mio armadietto/sottobanco/zaino, finché non cominciai a avere l'impressione che tutto ciò che aprivo si trasformasse in una succursale del bidone della spazzatura;

– cogliere al volo ogni opportunità di scontrarsi con me, spingermi, sbattermi addosso cose, strattonarmi, darmi gomitate, farmi lo sgambetto, investirmi, punzecchiarmi,urtarmi, per cui passavo la maggior parte degli intervalli a schizzare da un angolo all'altro del cortile e dei corridoi della scuola, come se fossi stato intrappolato dentro un gigantesco flipper.

D'accordo, so già che cosa state pensando: perché non mi difendevo? Perché non facevo niente?

Ma voi che cosa mi avreste suggerito? [...]

Il primo giorno del secondo semestre arrivò a St Daniel un nuovo alunno.

– Buongiorno a tutti. Un momento per favore, ragazzi, smettete di fare quel che stavate facendo e ascoltatemi, grazie, Oggi è arrivato a scuola un nuovo compagno. Eccolo: vi presento James, James Scobie. Sono certa che farete del vostro meglio per farlo sentire il benvenuto in questo istituto.

James Scobie trotterellò fra i banchi e si sedette al mio fianco. Ci scambiammo un cenno di saluto senza aprire bocca.

– Okay, adesso prendete le vostre cose e preparatevi perché tra poco leggeremo gli avvisi della giornata.

James infilò la mano nello zaino e ne trasse l'astuccio e il diario. Sistemò quest'ultimo al centro del banco, lo esaminò con attenzione, torse la bocca e lo raddrizzò leggermente. Prese tre penne e una matita dall'astuccio e, una alla volta, le posò davanti a sé spostandole delicatamente con le lunghe dita da ragno, finché le punte furono perfettamente allineate. Poi tirò fuori il righello, e dopo vari tentativi, lo sistemò parallelo alle penne e alla matita. Infine aprì la prima pagina di diario e la lisciò con cura. La mano sinistra si mosse verso le penne. Scelse quella blu, tolse il cappuccio e strizzò la faccia, poi lo rimise a posto con un piccolo scatto e riposizionò la penna sul banco.

A quel punto si poggiò allo schienale della sedia torcendo il naso come un coniglio, poi si sporsero di nuovo in avanti. Le dita affusolate si sollevarono sulla penna rossa prima di decidersi per quella nera. La prese e tolse il cappuccio. La punta indugiò sul foglio bianco come il bisturi di un chirurgo sopra un paziente. James Scobie torse il collo, tese un braccio, si lisciò la camicia, diede una breve raddrizzata al righello, giocherellò con la cravatta, si accarezzò delicatamente i capelli, strizzò la faccia e spinse la punta della lingua tra le labbra.

Aggiustò il bordo del diario di un millimetro. Poi lo rimise com'era prima e poi... poi lo lasciò dove si trovava.

Infine si chinò sul banco e ripiegò il braccio sinistro fin quasi a slogarselo; poi, con una mano aggrovigliata su se stessa, poggiò la penna sulla prima pagina accanto alla parola Nome.

Con la faccia contorta e la lingua che schizzava dentro e fuori come una murena, James Scobie cominciò a scrivere. Quando ebbe terminato, quel che apparve sulla pagina fu una fila di lettere grandi e sgangherare, inclinate in maniera allarmante e praticamente indecifrabili. Quando alzai lo sguardo, scoprii che anche la signorina Tarango e il resto della classe erano rimasti ipnotizzati a fissare i movimenti del nuovo arrivato. Lanciai un'occhiata verso Barry Bagsley: gli occhi stavano per schizzargli fuori dalle orbite. Mi aspettavo quasi di vedere un filo di saliva scivolarghi lungo il mento. Sicuramente il mio amico era un boccone gustoso per lui. Barry Bagsley aveva già inserito le coordinate e disinnescato i dispositivi di sicurezza; presto avrebbe fatto partire i suoi missili anti-sfigato. [...]

Pochi minuti dopo arrivò il primo missile. Sbatté contro la testa di James Scobie, rimbalzò sulla superficie del banco e scomparve tra gambe e piedi. Il successivo colpì James alla nuca, si avvitò a mezz'aria e atterrò sul suo quaderno. Scobie sollevò il foglietto di carta ripiegato, rigirandoselo tra le mani come una prova accusatoria.

La voce di Barry Bagsley si allargò per la classe come una macchia d'olio:

– Ehi, E. T., non è ora di chiamare casa?

" Okay, adesso ascoltami bene, James. Io sono un esperto in materia. Vuoi sapere quel che devi fare? Fingi che non sia successo niente. Il signor Barker tornerà presto. Lascialo perdere, ignoralo e soprattutto non ti voltare per nessuna ragione al mondo."

James Scobie si voltò.

" Va bè, allora, dà solo un'occhiatina veloce, ma non guardarlo negli occhi e non metterti a fissarlo"

James Scobie fissò Barry.

"Oh mio Dio!"

– Che stai guardando, alieno mostro marziano che non sei altro?

" Okay, questa è proprio quella che la signorina Tarango definirebbe una domanda retorica: non necessita di risposta, quindi non rispondere."

– Non sono sicuro– rispose pensieroso James Scobie, quasi fosse un partecipante di Chi vuol essere un milionario, – Come hai giustamente sottolineato sono nuovo del pianeta ma, dai dati in mio possesso, direi che sto osservando una forma di vita piuttosto rudimentale. [...]

– Ora ti consiglio di voltarti, mutante, se non vuoi che ti spacchi la testa. Perché se voglio, io te la apro come una noce, sai.

James Scobie sostenne lo sguardo di Barry Bagsley per alcuni secondi, poi si voltò e riprese a leggere come se nulla fosse. Subito dopo una palla di carta delle dimensioni di un piccolo pianeta lo colpì alla tempia e gli mandò di traverso gli occhiali, lasciandoglieli appesi per una sola stanghetta.

Strilli e ululati li levarono dal fondo della classe

– Ehi, ma cos'è sta puzza? Sei tu, Le– Fogne, oppure il Ratto si è scagazzato nei pantaloni?

James Scobie si tolse lentamente gli occhiali e li tenne un attimo in mano. Sollevò gli occhi al soffitto mentre la bocca gli si torceva prima a sinistra e poi a destra. Quindi si rimise gli occhiali, si piegò per raccogliere la palla di carta, si diresse tranquillamente verso la porta e la gettò nel cestino. Poi ritornò sui suoi passi, raggiunse la sua sedia e proseguì. Si fermò solo quando si trovò di fronte a Barry Bagsley. Allora parlò con calma.

– Quando hai detto che potresti spaccarmi la testa, ovviamente avevi ragione. Avrei poche, per non dire alcuna possibilità di fermarti. Comunque ti avviso che, se ti spingerai a un'azione di questo tipo, ne informerò immediatamente le autorità competenti, cioè la signorina Tarango, il signor Barker e Padre Jerome, oltre a mio padre. Insisterò anche che si contatti la polizia, dato che sono certo che una testa spaccata rientri nella categoria delle aggressioni pesanti. Naturalmente mio padre e io consulteremo un avvocato e-permettimi– ti consiglierei di fare altrettanto, nel caso. Mi sottoporrei poi a un'accurata visita medica, per poter procedere col rimborso delle spese mediche, danni fisici, psicologici e quant'altro. [...]

– Tu sei matto Cervello di Sterco. Perché non ti togli di torno prima di pisciarti sotto?

Fortunatamente, per quanto riguardava Barry Bagsley, non c'era situazione che non potesse risolversi con un bell'insulto.

Barry Bagsley ghignò, scosse la testa e si allungò sul banco. Anche se stava ancora seduto, i suoi occhi si trovavano all'altezza di quelli di

Scobie e la sua faccia larga e massiccia lo sovrastava minacciosa come la Morte Nera.

– Sei sicuro che non hai paura di me?

– Sicurissimo.

– E perché?

James Scobie strizzò gli occhi, torse la bocca a trecentosessanta gradi, si tolse gli occhiali e si esibì in tre energici battiti di ciglia prima di riporseli delicatamente sul naso.

– Perché io non ho paura di niente – rispose tranquillamente.

MICHAEL GERARD BAUER, *Non chiamatemi Ismaele*, Mondadori 2006

# IO COME TE

*È una storia che ha il sapore amaro della cronaca nera. Luca, il protagonista del romanzo, è un bravo ragazzo che si ritrova una sera a familiarizzare con un gruppo di bulli. La voglia di vincere la solitudine, la delusione per la ragazza che lo ha "mollato", il piacere di essere considerato all'altezza da chi è più grande di lui, qualche birra, e tutto diventa diverso, quasi irreale. Ma il sogno si trasforma in un brutto incubo: è proprio un essere umano quello che brucia davanti ai suoi occhi e le sue grida lo accompagneranno nelle notti insonni. Rajiva, l'extracomunitario a cui avevano dato fuoco, dovrà affrontare molti interventi chirurgici per potersi salvare e Luca, spinto dai sensi di colpa, prenderà il suo posto: con la faccia colorata di nero si spaccerà per extracomunitario e venderà fiori per lui. Affronterà umiliazioni e discriminazioni, ma imparerà a "guardare il mondo con gli occhi di un altro".*

– Che fai sfigato? La tua ragazza si è finalmente decisa a mollarti?

Oddio, ci mancavano giusto quelli. Quegli insopportabili bulli della quinta B, con le loro teste rasate, i loro giubbotti di pelle costellati di borchie, le loro arie da duri: non hanno avuto nemmeno il bisogno di mascherarsi per Halloween, pensa Luca, anche vestiti come tutti i giorni fanno sempre un effetto abbastanza sinistro. A lui hanno sempre fatto un po' paura e anche adesso farebbe volentieri a meno della loro compagnia, ma è davvero troppo solo per rifiutarla. Almeno, pensa, poter scambiare due parole con qualcuno.

– Che liberazione, eh? Risponde ostentando noncuranza. – Comunque, resta da vedere chi ha lasciato chi.

Sono in quattro: proprio i meno raccomandabili della classe, quelli che non perdono occasione per tormentare i ragazzi più piccoli e mettere in mostra, persino davanti ai prof, i loro incomprensibili tatuaggi. Ma stasera, forse per l'effetto della birra, sembrano meno cattivi del solito, anzi, addirittura amichevoli.

– Dai, sfigato, vieni a sederti con noi. Fai troppa pena a vederti, lì tutto solo nel tuo angolino. [...]

Ha l'impressione che le zucche fosforescenti disposte qua e là nella penombra del locale non facciano altro che guardarlo sogghignando. Perciò si alza e vincendo la diffidenza va a sedersi nel gruppo dei bulli che sono venuti, sembra, non tanto per ballare con le ragazze, quanto per osservarle scambiando su di loro i commenti più pesanti e per scolare a ripetizione lattine di birra. Ne offrono una anche a Luca, sempre con quel tono di compatimento che un po' lo irrita, un po' gli è di conforto. Lui per la verità, poco abituato com'è alle bevande alcoliche, preferirebbe ordinare un'altra coca-cola, ma davanti a quei tipi vuole comportarsi da ragazzo grande, da maschio, e un maschio, ne è convinto, non rifiuterebbe mai una birra per una coca-cola. Che figura ci farebbe? Così accetta, e poi ne accetta un'altra, mettendosi anche lui a tracannare birra, non allo stesso ritmo degli altri, ma abbastanza per sentirsi invadere da una piacevole, sonnacchiosa euforia e dimenticare, o quasi, quell'idiota della Susi[1]. Che bellezza! Che sollievo! E dire che fino a poco fa si sentiva tanto triste... Ora invece gli sembra che persino il ghigno diabolico delle zucche si sia trasformato nel più cordiale dei sorrisi, gli sembra di essere il padrone del mondo, mentre ascolta, senza afferrarli del tutto dato il suo stordimento, i discorsi dei compagni. Un po' parlano di ragazze, un po' di altre cose; dei «negri», per esempio, dei «marocchini», dei «musi gialli», che secondo loro andrebbero rispediti tutti a calci nei rispettivi paesi, un'idea che Luca non sa bene se condividere o no, perché a lui, personalmente, «negri», «marocchini» e «musi gialli», non hanno mai dato fastidio (per la verità non ne conosce nessuno, a parte la domestica filippina di famiglia che è incerto se possa definita o no un «muso giallo»), ma chissà, forse i nuovi amici sono meglio informati e hanno le loro buone ragioni per averli così in antipatia. E poi, ha la sensazione che il partecipare a quei discorsi, sia pure da semplice ascoltatore, crei tra lui e loro una specie di complicità, e questo lo lusinga come una promozione sul campo: evidentemente, pensa, lo considerano un loro pari, nonostante la differenza di età e la sua aria da «sfigato».

Luca è alla terza birra, ma gli altri devono aver perso il conto da un pezzo quando (sono le due passate) uno dei quattro propone di andare.

– Sì, è tardissimo, – dice Luca, – anche a me si chiudono gli occhi. È proprio ora di andare a dormire.

– Dormire? Che idea cretina. Andiamo a divertirci, invece, a chiudere in bellezza la serata. Se ti va puoi aggregarti a noi.

Luca non capisce bene cosa abbiano in mente, ma non osa fare domande.

«Chiudere in bellezza la serata»... qualunque cosa significhi, gli sembra una prospettiva attraente. In ogni caso, a provare non ci si rimette nulla: alla peggio, farà sempre in tempo a salutarli lungo la strada e a tornarsene a casa per conto suo.

– Ma sì vengo con voi. Tanto domani non c'è scuola, e non devo nemmeno vedere la Susi. Chi se ne importa, se vado a letto tardi?

– Bravo: allora vieni, e impara come si fa.

Perché così silenziosi, a un tratto? Prima erano un gruppo vociante che percorreva le strade semideserte della città ridendo rumorosamente e cantando a squarciagola le canzoni ascoltate in discoteca; ora, da quando hanno cominciato ad attraversare il parco, sono un branco che procede nella notte a passi felpati, quasi furtivi, e Luca, vagamente inquieto, si domanda il motivo di questa trasformazione. Non mi piace, pensa, ma continua a seguirli come per forza d'inerzia; li segue lungo i viali semibui, appena rischiarati, qua e là, dalla luce dei lampioni, e senza comprenderne la ragione si adegua al loro comportamento restando muto e badando a non far scricchiolare la ghiaia sotto le scarpe. È una notte gelida, ma per fortuna quelle birre gli hanno scaldato il sangue; in compenso non si sente perfettamente saldo sulle gambe, e ha la sensazione che tutto gli arrivi attutito come da uno schermo di vetro. Tutto gli sembra stranamente irreale, questa notte: gli alberi, i cespugli, persino i quattro che camminano davanti a lui.

Quando all'improvviso si fermano, sulle prime non capisce cosa stia succedendo; non lo capisce nemmeno quando, seguendo la direzione dei loro sguardi, vede in lontananza una figura rannicchiata su una panchina. Più che un essere umano sembra un fagotto informe. Se ne distinguono appena un braccio, la nuca, la testa avvolta in un berretto di lana; il viso è nascosto nell'incavo del gomito e il corpo sepolto sotto strati di cartone e sacchetti di plastica. Evidentemente aveva freddo, a dormire così all'aperto. Ai piedi della panchina, un cesto che, alla luce dei lampioni, sembra contenere qualcosa di verde e rosso. Fiori, si direbbe.

Luca osserva tutto ciò attraverso lo schermo di vetro, ma ancora non capisce perché questo spettacolo abbia attirato l'attenzione di suoi compagni a tal punto da spingerli a fermarsi, come se finalmente avessero trovato quel che cercavano. Almeno dicessero qualcosa… invece restano lì in silenzio, raggruppati, consultandosi con gli occhi, finché uno di loro annuisce ed estrae dalla tasca della giacca prima una piccola bottiglia, poi una scatola di fiammiferi.

Adesso hai capito? No, non ancora. Ma nel suo stordimento, sente qualcosa pulsargli nella testa come un segnale d'allarme, come quelle campane che suonano a martello per avvisare di un pericolo; e la pulsazione si fa più frenetica quando, vedendolo indugiare in disparte, il ragazzo con i fiammiferi si volta verso di lui per dirgli in un sussurro: – Tu non vieni, sfigato? Non ti piacciono le emozioni forti?

Ora i quattro cominciano ad avanzare piano piano verso la panchina, mentre Luca li segue con lo sguardo e la sua mente si rifiuta di dare un nome a ciò che sta avvenendo. Vorrebbe gridare, e non può; vorrebbe correre via, invece rimane lì, impietrito, a guardare il primo dei ragazzi che versa il contenuto della bottiglia sullo strato di plastica e cartone da cui è coperta la figura rannicchiata e poi accende un fiammifero gettandoglielo addosso, e gli altri tre fanno lo stesso, l'uno dopo l'altro, muovendosi il più silenziosamente possibile per non svegliare il dormiente, e versano ancora benzina, e gettano ancora fiammiferi, e provano e riprovano, finché Luca vede levarsi dalla panchina una grande fiammata.

Il grido è lacerante, così lacerante da mandare bruscamente in frantumi lo schermo di vetro. È come se soltanto adesso, sentendolo, Luca si rendesse conto che quello era davvero un uomo e non il fagotto informe che sembrava. – Che fate? – dice tra le lacrime. – Oddio, che fate? – ma mentre lo dice si accorge che dalle sue labbra non esce nessun suono. Ora l'uomo è in piedi, un'altra fiaccola ardente da cui i quattro si allontanano sghignazzando e gridando insulti. Luca è troppo paralizzato dall'orrore perché gli venga in mente di andare in suo aiuto. Pensa soltanto: No. No, non voglio guardare, e corre via piangendo a dirotto, come un bambino spaventato, mentre l'uomo si getta a terra rotolandosi affannosamente sulla ghiaia e il branco, soddisfatto, si disperde nel buio.

PAOLA CAPRIOLO, *Io come te*, Edizioni EL 2011

**Susi**[1] È la ragazza di Luca, ha litigato con lui e lo ha lasciato da solo in discoteca proprio durante la festa di Halloween.

## I PESCI NON CHIUDONO GLI OCCHI

*Ha dieci anni, il protagonista del romanzo, e "dieci anni era un traguardo solenne, per la prima volta si scriveva l'età con doppia cifra. L'infanzia smette ufficialmente quando si aggiunge il primo zero agli anni. Smette ma non succede niente, si sta dentro lo stesso corpo di marmocchio inceppato delle altre estati, rimescolato dentro e fermo fuori." Il protagonista ha voglia di crescere, di cambiare quel corpo da bambino nel quale non si riconosce più. Un bisogno che lo porta ad accettare, come una prova del fuoco, il pestaggio di tre teppistelli ingelositi dalla sua amicizia con una ragazzina.*

Sulla spiaggia dovevo stare in guardia. Ero diventato un bersaglio, inventavano modi per darmi fastidio. A mare non potevano seguirmi, a terra erano in tre e cercavano pretesto. Stavo leggendo il giornaletto dell'enigmistica, steso sulla rena, passavano di corsa vicino per schizzarmi la sabbia addosso. Lo facevano a turno. Qualche minuto e ricominciavano. A mare avevo preso un riccio. Lo nascosi a un pelo sotto la sabbia, accanto al giornaletto. Passò il primo che lo mancò di poco, il secondo aveva le ciabatte, il terzo scalzo lo schiacciò e saltò in aria a molla. Atterrò con un grido e si rotolò sulla sabbia fino al mare. Arrivarono gli altri due a vedere la pianta del piede punzecchiata dai puntini neri. È un dolore noioso, con olio e pinzetta vanno cavati fuori uno per uno. Il riccio calpestato lo avevo spinto lontano. La ragazzina aveva visto. Prima di me aveva capito che c'entrava lei nell'antipatia di quei tre verso di me.

Guardavano furiosi dalla mia parte, continuavo a leggere. Avveniva a mia insaputa la rivalità maschile.

Me ne parlò lei, sorpresa dalla mossa del riccio, l'uso di un animale come arma. Mi raccontava che nella stagione degli amori i maschi si battono per accoppiarsi alle femmine in estro. Buffa parola per me, collegata all'arte.[...]

Quel giorno andai a prendere due ghiaccioli al bar. Mentre tornavo, uno dei tre mi arrivò da dietro e con uno schiaffo me li gettò a terra. Tornai all'ombrellone dicendo che mi erano caduti. La ragazzina aveva visto.

"Devi stare attento."

"Mi spiace, reggevo male, sono caduti."

"Sul serio, devi stare attento."

Mi alzai per andare a mare, si alzò pure lei. Scese in acqua posandosi come fa una foglia. Controllai se eravamo seguiti.

"Non vengono," disse, "davanti a me non si misurano con te che sei più bravo in acqua."

Non sarei arrivato a quel pensiero, neanche mi ero accorto della sua prontezza. Non risposi, confuso di essere stato scoperto a preoccuparmi.

"Il trucco del riccio te lo faranno pagare."

Invece di reagire mi calai sott'acqua. Emersi a fine fiato con le idee più chiare.

"L'ho scontata con i ghiaccioli."

"Non sei un ippopotamo, sott'acqua non ragioni meglio. Quello era solo un dispetto, hanno altro in mente."

"Come fai a saperlo?"

"Lo so e basta."

"Non ho paura," dissi, e era vero. Non mi spaventava avere dei nemici.

"Non fa differenza se hai paura o no. Devi prevenire le loro mosse."

"E come? Se neanche so le mie. E poi dico davvero, non mi fa paura farmi male, essere ferito. Non mi importa. Il mio corpo non mi sta a cuore e non mi piace. È infantile e io non sono più così. Lo so da un anno, io cresco e il corpo no. Rimane indietro. Perciò pure se si rompe, non importa. Anzi, se si rompe, da lì dovrà venire fuori il corpo nuovo." Dissi queste parole con una strana foga e serietà. Fu spiazzata, ci pensò su.

"Ehi, vacci piano con te, mi hai spaventata." E si calò sott'acqua. Mi immersi anch'io per tirarla su e lei mi prese la mano. Uscimmo a respirare, lei teneva ancora la mia mano.

Mantenere, il mio verbo preferito, era successo. Come fa a saperlo? Pensai e mi risposi: lo sa e basta. Non avevo toccato niente di così liscio fino allora. Ora so neanche fino a oggi. Glielo dissi, che il suo palmo di mano era meglio del cavo di conchiglia, mentre risalivamo a riva, staccati. "Lo sai che hai detto una frase d'amore?" disse avviandosi verso l'ombrellone.

Una frase d'amore? Neanche so cos'è, che le è venuto in mente? Ne sa più di me per via degli animali, ma si è sbagliata. Ho detto una frase di stupore. Il tatto è l'ultimo dei sensi ai quali sto attento. Eppure è il più diffuso, non sta in un organo solo come gli altri quattro, ma sparso in tutto il corpo. Mi guardai la mano, piccola e tozza e pure un poco ruvida. Chissà cosa avrà sentito nella sua. Non potevo chiedere, poteva essere per sbaglio una domanda d'amore.[...]

Nel pomeriggio uscii, faceva fresco per il vento e ci poteva stare bene una lana addosso, ma non la presi per non guastarla in caso di ferite. Mi avviai per la strada principale fino al porto. Nel bar i ragazzi a gruppi sentivano musica, avevano blue-jeans nuovi e leccavano gelati ai quattro gusti, di più non ce ne stavano sul cono. Stavano lì per ore, avevano qualche anno più di me. I loro corpi si allungavano nella corsa a diventare grandi. Passavo da invisibile sul marciapiede. Andavo a passi lenti, ero pronto. Avevo deciso il giorno e l'ora ma non li incontravo.

Decisi di tornare lungo il mare, più sgombero. Passai davanti allo stabilimento dove facevo i bagni. Seduti su un muretto i tre giocavano a carte. Mi videro, raccolsero le carte e alla svelta scesero le scalette verso il mare. Non mi aspettavo quella reazione, li seguii. Uno di loro disse: "Ma è da solo". Ecco, si erano immaginati che poteva seguirmi il pescatore. "È solo," ripeterono. Nessuno intorno, mi circondarono, da dietro mi arrivò uno schiaffo che mi spinse verso gli altri due. Cominciarono colpi che non ho contato. Uno mi fece portare le mani al naso, poi finito a terra un ultimo calcio mi addormentò. So che non mi sono difeso. Dolori sì, forti, ma pure una calma cocciuta dall'interno non mi fece gridare.

Mi svegliai su una branda, nell'infermeria dell'isola. Mamma era vicina e mi scacciava le mosche. Volevo farle un sorriso ma una fitta alle labbra mi impedì. "Chi è stato, figlio mio?" Non risposi. Mi faceva male da molti punti del corpo, più di tutto la faccia, poi il petto, e vedevo male. "Chi è stato, un uomo?" Volevo dirle: sono stato io.

"Dove siamo?" dissi con una voce mia sconosciuta. "Che ore sono?"

"Le sette di sera, siamo all'ospedale."

Mi avevano fatto i raggi, naso rotto, lividi e contusioni, tre punti di sutura sulla fronte.

"Chi è stato?"

Feci un no con la testa.

"Non lo sai? Com'è possibile? Non si massacra un bambino senza un motivo."

Venne il medico, un giovane, parlò con mamma. Voleva tenermi per quella notte in ospedale, in osservazione. Mamma si spaventò, il medico le disse che era una precauzione abituale, non si poteva escludere con certezza un danno agli organi interni. Mamma dubitò che il medico volesse nasconderle qualcosa. Per tranquillizzarla disse che poteva portarmi a casa e le lasciò il suo numero di telefono. Questo la calmò. Poi parlò con un altro uomo, non riuscivo a vedere, avevo i capillari rotti intorno agli occhi. Era un carabiniere. Le disse che era opera di teppisti e che li avrebbe trovati.[...]

Il mio corpo era stato scosso, non era più lo stesso.

Il pomeriggio successe il trambusto. Bussarono alla porta, era il carabiniere. Con lui i tre ragazzini accompagnati dalle loro madri, che a voce compressa li insultavano col dialetto che sa castigare. Il carabiniere li aveva rintracciati facilmente, qualcuno aveva visto, detto. All'epoca i fatti si venivano a sapere. Il carabiniere voleva che i tre vedessero quello che avevano combinato. Le voci nell'ingresso spiegavano a mamma la visita. I tre stavano zitti. Mamma mi venne a chiedere se potevano entrare. Mi sorprese la sua mossa di lasciarmi decidere. Era un riguardo per una persona, non per un bambino. Feci sì con la testa. Il carabiniere fermò le madri, dovevano entrare solo i tre con lui. Mamma aprì la porta e la stanzetta si riempì. Guardavano per terra, il carabiniere ordinò loro di guardare me. Dietro gli occhi pesti vedevo sfocato e buio. Una benda mi girava la testa intorno al naso, la bocca era gonfia e un taglio sulla fronte completava l'effetto. Uno dei tre si mise a piangere, gli altri due voltarono la testa. Il carabiniere ordinò di nuovo di guardarmi. Chiese se li riconoscevo, feci no con la testa. Il carabiniere me lo chiese di nuovo, doveva chiudere il rapporto. Li conoscevo? "Stiamo sulla stessa spiaggia," la voce mi uscì poca e male. "Sono loro che ti hanno picchiato?" Di nuovo feci no con la testa. Il carabiniere si avvicinò. Era un uomo sulla quarantina, baffi neri e capelli già grigi alle tempie. Era del Sud. Si voltò e disse ai tre di uscire. Chiuse la porta e ritornò da me. Si tolse il berretto, aveva un'altra voce, più vicina.

"Guaglio', si sono presi una denuncia per lesioni, hanno già confessato. Li ho portati qua per dargli una lezione, fargli vedere quello che hanno fatto in tre contro uno e pure più grandi. Sei 'nu guaglione a posto e lo capisco che non vuoi denunciarli. Ma è un atto di ufficio, non dipende da te. È un'azione dello stato. So che non li denunci per generosità, non per paura. Dimmi solo se per te basta così." Chiusi gli occhi già mezzi serrati. "Ti sta bene così?" Feci sì con la testa.

Mi stavano tornando le lacrime per quelle parole, per la voce giusta che mi trattava da persona. Per lui in quel momento non ero un bambino. Ma lacrime non potevano uscire, il gonfio impediva.

"Me la dai la mano?"

Mi offrì la sua aperta, ci misi la mia.

"Com'è che è ruvida e spellata?"

"Vado ogni tanto a pesca, aiuto ai remi."

"E pure io ci vado, tengo la lampara e vado a totani."

Aprì la porta e uscendo disse a voce alta a mamma: "Tenete un figlio in gamba, signora", e se ne andarono.

ERRI DE LUCA, *I pesci non chiudono gli occhi*, Feltrinelli 2011

## TESTIMONIANZE

*Violenza fisica, esclusione, diffamazione, false accuse, minacce, danneggiamento degli effetti personali. La lista degli atti di bullismo è lunga, ma anche un banale insulto, è un'arma mortale perché uccide la nostra autostima, l'idea che abbiamo di noi stessi.*
*Quanto può ferire un insulto? Quando può farci sentire "sbagliati e inadeguati?" quanto può indurci a pensare che "siamo noi che abbiamo qualcosa che non va?"*
*Ti proponiamo, due testimonianze anonime che ci aiuteranno a capire le conseguenze del bullismo e come sia importante non subire in silenzio passivamente, ma parlarne.*
*La prima è la storia di M. un quarantenne che ancora non riesce a liberarsi dei fantasmi del suo passato di vittima del bullismo; la seconda è di una studentessa oggi diciannovenne, anch'essa vittima di bullismo, che ci racconta le sue sofferenze nei banchi della scuola media. I testi sono tratti dal blog "Le vostre storie" , uno spazio interattivo che Bullismo.com ha messo a disposizione per raccogliere le storie di chi ha vissuto il bullismo sulla propria pelle allo scopo di per sensibilizzare al problema bullismo.*

### ALLE MEDIE PENSAVO SOLO A NON PIANGERE

Sono stato vittima di bullismo quando facevo la terza media...È passato tanto tempo ormai (oggi ho 40 anni), ma ancora adesso mi torna in mente quel periodo: si tratta di un'esperienza che ha lasciato il segno. Una certa timidezza, una difficoltà di inserimento in contesti nuovi e a relazionarmi con gli altri, io credo che me le porto avanti da quei tempi...

C'erano tre-quattro ragazzi che mi avevano preso di mira: io ero il piccoletto della classe (sono cresciuto verso i 15-16 anni), a 13-14 anni ero molto piccolo di statura e inoltre ero (e sono ancora) scuro di carnagione; sembravo un piccolo magrebino e questo bastava per farmi diventare bersaglio di scherno e di violenze...

A parte le prese in giro e gli insulti, ma questi tre-quattro ragazzi praticamente ogni giorno mi picchiavano, mi sputavano addosso, mi rompevano le cose: penne, matite, righelli, compassi... Mi stracciavano i libri e i quaderni, mi rubavano la merenda e qualche volta anche soldi (per fortuna ne avevo pochi)...

L'ultimo anno delle medie fu un vero inferno per me. Le violenze accadevano sia in classe sia fuori, nei corridoi, nei bagni, ma anche all'esterno, nelle vicinanze della scuola, dove mi rincorrevano, mi sputavano addosso l'acqua con cui si erano riempiti la bocca prima di uscire da scuola...

Una volta mi spinsero in una buca dove stavano facendo dei lavori di manutenzione della strada e poi si divertirono a tenermi dentro, sputandomi e tirandomi calci dall'alto...

Tutta la classe e anche i ragazzi di altre classi sapevano e vedevano, ma nessuno mi aiutava. Alcuni, anzi, assistevano divertiti alle violenze che subivo; altri, la maggior parte, erano indifferenti. Solo alcune ragazzine si dimostrarono dispiaciute e mi dissero che dovevo reagire o meglio ancora denunciare tutto ai professori...

Ma il fatto è che io provavo un grande senso di vergogna... Tendevo io stesso a rimuovere la cosa e a minimizzare tutto... Soprattutto avevo il terrore che venissero a saperlo i miei genitori: mi vergognavo troppo.

Anche alcuni professori vedevano, perché spesso le violenze accadevano sotto i loro occhi; ma sottovalutavano, si limitavano a gridare un po', pensavano che fossero le solite "ragazzate"...

La professoressa di Educazione musicale, ad esempio, era incapace di governare la classe e durante la sua ora succedeva di tutto...

Per me l'ora di Musica era un incubo.

Venivano i tre bulli, qualche volta anche quattro (erano due veri e propri bulletti, più altri due che facevano da spalla), iniziavano a rompermi le cose, mi buttavano tutto per terra, mi rovesciavano il banco, giocavano a calcio con il mio zaino...

Oppure mi trascinavano nell'armadio dell'aula e mi tenevano chiuso dentro per diversi minuti. Oppure, ancora, mi toglievano le scarpe e mi costringevano a stare scalzo per tutta l'ora, mentre loro si lanciavano le mie scarpe da una parte all'altra dell'aula...

Mi sottoponevano anche a certe violenze a sfondo vagamente sessuale: mi immobilizzavano a terra o piegato su un banco, poi prendevano un oggetto accuminato, di solito un ombrello o il compasso della lavagna, e me lo premevano nel sedere e contro i testicoli...Erano violenze più umilianti che dolorose.

La professoressa, gridava e gridava, ma non faceva nulla di concreto. Magari loro si calmavano un po' e dopo qualche minuto riprendevano.

Solo una volta scrisse una nota sul registro di classe: "Gli alunni x, y e z costringono a piccole violenze l'alunno s..."

Il risultato fu che quando la professoressa di lettere, che era la capoclasse, l'insegnante più importante, lesse questa nota ad alta voce e volle sapere cos'era successo, tutta la classe scoppiò a ridere e io dissi che non era successo nulla, che si stava solo giocando...Così la prof ci fece una ramanzina a tutti e quattro, mettendoci sullo stesso piano...

Le ore di ginnastica forse erano ancora peggiori. Negli spogliatoi mi picchiavano di più, mi mettevano la testa sotto il rubinetto e una volta mi spinsero sotto la doccia vestito...

Io non ce la facevo proprio a reagire...Mi sentivo troppo piccolo, debole, ma anche incapace, stupido, avevo perso il rispetto per me stesso, pensavo di non valere nulla... E mi isolavo sempre di più.

La mia preoccupazione era solo quella di non piangere: e infatti pochissime volte ho pianto davanti a loro...

A casa, incredibilmente, non si accorsero di nulla (nemmeno oggi nessuno lo sa). Io ero molto bravo a nascondere tutto. Ma il fatto è che nelle materie, in terza media, iniziai ad andare male, mentre nei primi due anni ero stato molto bravo.

Non avevo più voglia di studiare e di andare a scuola, non riuscivo a concentrarmi...

Nessuno riusciva a spiegarsi il motivo del mio calo nel profitto. I miei genitori mi sgridavano ogni tanto, ma non approfondirono mai la cosa, lasciarono perdere. E così anche i professori.

Io tenni duro e quel brutto anno passò. Poi alle superiori sono cresciuto fisicamente e non ho più avuto problemi di questo genere.

Ora faccio una vita normale, ma sono molto pentito di aver subito così. Avrei dovuto reagire. Quella volta, però, non c'era l'attenzione che c'è adesso per il problema. Non esisteva nemmeno il termine "bullismo" e non se ne parlava mai.

Oggi, forse, dico forse, è un po' più facile reagire.

Vorrei dire a tutti i ragazzini e alle ragazzine che si trovano in queste brutte situazioni che devono aver coraggio...Non devono sentirsi soli e devono superare il senso di vergogna. Non bisogna vergognarsi, perché non si ha nessuna colpa!

Confidatevi con una persona, possibilmente un adulto disposto ad aiutarvi (non necessariamente i genitori) e vedrete che il problema, che sembrava insormontabile, si risolverà.

M.

in www.bullismo.com

**LA MIA VITA UNO SPLENDIDO PERCORSO IN SALITA**

Sono una ragazza di 19 anni, e per la prima volta sento il bisogno di raccontare a qualcuno per intero la mia dolorosa storia, e vi ringrazio se avrete la pazienza di leggerla.

Tutto iniziò alle medie. È stata mia sfortuna trovarmi in una classe con ragazzini crudeli, senza alcun principio morale e terribilmente emancipati. In seconda media già tutti praticavano sesso, bevevano, (ripensandoci oggi era una situazione davvero surreale!!!) e io ragazzina immatura e con saldi principi morali e famigliari rifiutavo tutto ciò, aspettavo il grande amore anche solo per dare il primo bacio, e piuttosto che le loro festine, preferivo stare a casa con i miei genitori, a leggere e giocare. Avrei anche vissuto tranquillamente in solitudine, ma a loro non bastava: hanno iniziato a darmi della sfigata, a dirmi ogni giorno che ero brutta, che puzzavo, che facevo schifo, ridevano ogni volta che mi vedevano. Ho iniziato a vedermi sempre più brutta, a odiarmi, ho smesso di curarmi, di lavarmi, mi sono messa degli occhiali larghi per mascherarmi e ho iniziato a vestirmi male. Loro non hanno fatto altro che insultarmi ogni giorno di più. Ero anche la più brava a scuola, e ogni volta che prendevo un bel voto mi spintonavano, mi insultavano in coro TUTTI assieme; mi guardavo attorno e non vedevo neanche un volto amico, solo gente che mi fissava con disprezzo e che mi urlava dietro. La situazione è peggiorata ancora, ero sempre più chiusa, ogni volta che mi si avvicinava qualcuno rispondevo male o fuggivo, camminavo sempre a testa bassa. Ero diventata davvero quello che volevano farmi credere di essere.

In terza media hanno deciso che le parole non erano più sufficienti, e ne ho passate davvero di tutte. Giacche dipinte e strappate, libretti scolastici rubati, mi hanno inseguito più volte mentre tornavo a casa strattonandomi, mi hanno picchiato, mi hanno tirato per i capelli e strappato ciocche intere e poi mi telefonavano a casa minacciandomi di morte se avessi detto qualcosa ai professori e lasciavano sulla segreteria telefonica insulti pesantissimi per tutta la famiglia. La cosa che mi fa più male è pensare che non realizzavo quanto la cosa fosse grave, non provavo neanche più dolore: ero brutta, sbagliata, era giusto che io vivessi così la mia vita, era la punizione che mi meritavo. Come se non bastasse hanno iniziato a bullarmi anche tutti all'oratorio (che allora frequentavo per il catechismo) e dei ragazzi di un altra scuola davanti alla quale dovevo passare per tornare a casa: probabilmente per il mio aspetto ormai devastato, per i miei capelli unti o per il mio passo trascinato mi aspettavano e quando passavo mi urlavano dietro di tutto e di più, mi inseguivano, mi buttavano a terra. Si può dire che ormai avessi una certa fama nel quartiere, cosa che mi mette in forte imbarazzo anche oggi.

Così, imbruttita, devastata e piena di lividi sono riuscita a finire le scuole medie. Non racconterò del lungo e difficoltoso percorso che mi ha portato a quella che sono ora (una ragazza apparentemente normale): voglio solo dire che queste storie lasciano profondamente il segno, e la cosa peggiore è che nessuno è in grado di capirlo, neanche i miei genitori o amici. Ho avuto il coraggio di raccontare a pochissime persone qualcosa di quello che mi è successo, ma per loro si risolveva sempre tutto in un "smettila di lamentarti, è tutto passato".

Eppure, anche se adesso mi prendo cura del mio corpo, sono considerata da tutti una bella ragazza con un fisico attraente, e ho avuto qualche storia sentimentale ogni volta che qualcuno mi fa dei complimenti mi arrabbio perchè penso che mi stiano prendendo in giro, sento ancora le voci dei miei compagni delle medie che mi dicono che sono brutta, un mostro.

Quando cammino per strada e vedo dei miei coetanei, o comunque dei ragazzi tra i 12 ed i 25 anni cambio marciapiede. Se sento gente per strada che ride o parla a bassa voce sono sempre sicura che ridano di me, anche se poi razionalmente capisco che non c'è nulla da ridere adesso. Non rispondo alle telefonate se non conosco il numero perchè penso che potrebbe essere qualcuno che mi insulta o che mi minaccia. Mi sento tutt'ora diversa, e temo che per quanto ora la mia vita possa essere uno splendido percorso in salita, queste ferite non si rimargineranno mai.

in www.bullismo.com

## AMICI VIRTU@LI

*Marco si è trasferito in una grande città, deve ambientarsi nella nuova scuola e farsi nuove amicizie, ma l'ambiente cittadino gli è estraneo e lui si sente spaesato. Al suo primo giorno di scuola è già dalla preside per un litigio con Francesco, un bulletto che l'ha spintonato. Risultato: nota sul libretto e telefonino sequestrato. Come spiegare che non è stata colpa sua? Che è stato provocato? Tutto sembra andare storto, si sente destinato al fallimento.*
*Improvvisamente le cose cambiano: qualcuno ha ripreso tutto e il video, diffuso in rete da un misterioso Xorro, rende pubblica la verità e gli dà possibilità di farsi conoscere e uscire dall'ombra.*

Stamattina a scuola mi guardavano tutti in modo strano. Mi osservavano e poi parlottavano tra loro. Due ragazzi che non conosco mi hanno fatto ciao con la mano. Io rispondo timidamente al saluto, poi infilo le mani in tasca e avanzo verso l'ingresso a testa bassa. Dragan mi viene incontro raggiante

– Ma che hanno tutti da guardare? – chiedo. – Sono così strano?

– Allora non sai niente?!

Dragan incalza: – ieri Xorro ha pubblicato sul suo portale di facebook un video della tua scazzottata con Francesco.

Credo di non aver capito bene, e domando conferma:

– Zorro?

– Ma quale Zorro! Xorro! – insiste lui

– Chi?

– Xorro, con la ics – precisa

– Con la ics? – esclamo incredulo. – Che razza di nome è?

– Un nome in codice – sussurra il mio compagno di banco. – Una versione moderna di Zorro, ma più misteriosa ...

– E chi è? – domando ancora

– Non lo sa nessuno! Te l'ho detto: è un'identità segreta.

Poi prosegue abbassando ulteriormente la voce: – Ma deve essere uno della scuola.

– Come fai a dirlo? – Azzardo io

– Lo è per forza! Altrimenti come avrebbe fatto a riprenderti con il telefonino?!

– Non lo so.

Mi guardo intorno sospettoso.

– Ha pubblicato anche una didascalia. “Condannato ingiustamente un innocente” – conclude serio.

– Scusa, e tu come hai fatto a saperlo?

– Perché Ghigo, un emo della F, ha condiviso il video sul suo portale di face book.

Torno alla carica.

– E lui come l’ha saputo?

Dragan non si scompone.

– Ghigo è uno che ha quasi settecento contatti ... comunque ieri sera il video l’avevano condiviso praticamente tutti gli alunni della scuola.

– Tutti? – esclamo sorpreso

– Beh... non proprio tutti... Tutti quelli che non sopportano Francesco e che hanno il profilo su facebook.

Mi mordo il labbro seriemente preoccupato.

– E adesso che succederà?

– Che te ne importa?! Ora sei una star, goditelo! – Mi molla una pacca sulla spalla.

– Esagerato – rispondo ridendo.

– Ti dico di sì, Borghetz, se avessi faceebook lo avresti visto anche tu.

– Ma non ce l’ho! – rispondo lamentandomi

– Senti ... – azzarda lui – perché oggi non vieni a casa mia così te lo mostro?

Scuoto la testa.

– Non posso ... Sono in castigo ...

– Perché?

– Per la storia del telefonino ... – dico rammaricandomi. Non è giusto che mia mamma sia così severa quando prende una posizione “educativa”, come dice lei, però taccio e il pensiero me lo tengo per me.

– Trova una scusa! – propone Dragan.

– NO. Mia madre lo scoprirebbe e poi sarebbe peggio

– Dici?

– Fidati, conosco mia madre. [...]

Da un paio d’anni papà abita con Manuela che fa la corista nel gruppo dove lui suona il basso.

È alta quasi come lui, formosa e morbida, ha i capelli ricci e profuma di arancia. Anche se cerca in tutti i modi di rendersi simpatica, spesso con lei mi sento a disagio.

Prima cosa non so come chiamarla.

Mamma no, zia no ... "tata" sa di bimbi piccoli, tutti la chiamano Manu, però a me le abbreviazioni come i diminutivi non piacciono, così mi limito a chiamarla Manuela.[...]

– Senti papà, tu ce l'hai il profilo su facebook?

– Certo – risponde lui.

– E potresti vedere il video che ha pubblicato qualcuno sul suo portale?

– Solo se ho la sua amicizia – precisa lui

– La sua amicizia? Che significa?

– Che puoi vedere le cose che pubblicano, i messaggi, i link, i vari post solo di quelli che ti hanno dato l'amicizia – aggiunge assaporando un pezzo di lasagna.

– E come si fa?

Manuela che è più esperta mi spiega:

– Digiti il nome su "cerca" e poi, quando hai trovato chi ti interessa, richiedi la sua amicizia cliccando sul tasto "aggiungi agli amici". A questo punto, quando ricevi la risposta di conferma da parte del nuovo amico, puoi andare a vedere il suo profilo.

Poi ti faccio vedere come funziona.

– Veramente?! – rispondo a bocca piena sgranando gli occhi. Deglutisco in fretta.

Papà e Manuela si guardano.

– Certo.

Dopo pranzo ci sediamo davanti al pc. Manuela apre la schermata di Facebook.com

– Ce l'hai un indirizzo e-mail? – s'informa.

Figuriamoci! Non ho nemmeno internet ...

Sarebbe troppo complicato spiegare loro che è perché la mamma non vuole. Non capirebbero le sue ragioni. Sono troppo diversi.

Meglio limitarsi a una risposta semplice.

– No – confesso rammaricato.

– Allora dobbiamo prima predisporne uno ...

Dopo cinque minuti, merito di Manuela, ho il mio indirizzo di posta elettronica su gmail, marcoborghetz@gmail.com , ho dovuto scegliere questo perché Marco Borghesi era già stato registrato da un altro utente.

"Beh, poco male" penso. "Questo mi rappresenta meglio".

– Ora che hai l'indirizzo mail puoi anche chattare – mi dice Manuela.

– Sì, ma prima si studia, eh?! – precisa papà.

Manuela ignora il commento e prosegue la sua spiegazione tecnica.

– Ora passiamo a configurare il tuo profilo su Facebook.com: vedi, è facile, basta inserire i dati nella griglia predisposta:nome,cognome, email, una nuova password, la data di nascita…

Facciamo in un attimo.

Mi compare una schermata su: "persone che potresti conoscere" da aggiungere agli amici, poi "invita amici e familiari a iscriversi".

– Metti il mio nome – butta lì papà.

– Ma ti pare! – Interviene Manuela. – Così poi puoi andare a sbirciare il suo profilo. Non se ne parla nemmeno! Lo deciderà lui se e quando vuole.

– Giusto! Non ci avevo pensato – si corregge subito papà.

– In ogni caso, non dare mai la tua amicizia a persone che non conosci o che hanno un nome di fantasia. Non si sa mai chi trovi in rete. Lo stesso dicasi per le informazioni del tuo profilo e le immagini. Carica solo quelle essenziali.

– Perché? – chiedo innocentemente.

– Perché se finiscono in mano alle persone sbagliate potrebbero farne un cattivo uso.

Annuisco, anche se non ho capito che cattivo uso potrebbero farne. In fin dei conti, se pubblico una foto e più gente la vede acquisto maggiore popolarità, e più amici ho, significa che posso condividere pensieri e parole con un maggior numero di persone. Mi sembra una bella cosa e non vedo che male potrebbero farmi o che pericolo ci sia.

Però sto zitto e ascolto.

Sulla schermata del profilo, nelle impostazioni personali, Manuela spunta la voce "condividi solo con gli amici".

– Così nessuno che non abbia la tua amicizia può ficcare il naso nella tua vita privata e nelle tue cose… Ora comunque hai visto come funziona… Buon divertimento! Ma non starci troppo tempo.

Mi lasciano solo davanti allo schermo del pc e la prima parola che digito è Xorro.

DAVID CONATI, *Amici virtu@li*, Gruppo Editoriale Raffaello 2012

Gli autori dei testi della collana "Il Mulino a Vento"
sono disponibili a effettuare incontri con le classi
interessate al progetto lettura, organizzati da scuole,
librerie o altre istituzioni.
Per ogni informazione

**www.ilmulinoavento.it**

**info@ilmulinoavento.it**

Emozioni in gioco
GRUPPO EDITORIALE
RAFFAELLO